W0096324

ulmer

Elodie Marcon   Nicolas Caulon

GRUNDKURS
BONSAI

VORWORT

Noch ein Buch über Bonsai? Unbedingt! Denn viele Interessierte glauben noch immer, diese Kunst sei viel zu kompliziert und ein solches Miniaturbäumchen viel zu empfindlich. Doch wer in der Lage ist, einem solchen pflanzlichen Kunstwerk auch nur ein Mindestmaß an Aufmerksamkeit zu schenken, kann diese faszinierende Kunst bald beherrschen.

Alles, was wir dazu benötigen, ist eine nachvollziehbare Anleitung mit den wichtigsten Tipps zur Pflege und zur Pflanzengesundheit. So ist es gar nicht schwer, sich um dieses kleine Pflanzenwunder zu kümmern, es gesund zu erhalten und seine faszinierende Gestalt über viele Jahre weiterzuentwickeln.

Natürlich erlebt man beim Heranziehen eines Bonsais immer wieder auch Misserfolge, aber das ist kein Grund, den Mut zu verlieren. Nicht umsonst heißt es: Aus Fehlern wird man klug. Weiß man erst, was man falsch gemacht hat, wird man es so schnell nicht wiederholen. Im Folgenden wollen wir Ihnen alles Nötige an die Hand geben, damit auch Sie in die Bonsaikunst einsteigen können: Einen Einblick in das Wuchsverhalten von Bäumen, einen Überblick über das Einmaleins der Bonsaipflege sowie einen Ausblick auf fortgeschrittene Techniken, damit Sie später auch an diese beherzt herangehen können.

BONSAI
– WAS IST DAS?
6

GRUNDKURS
BONSAIPFLEGE
26

SPEZIELLE
BONSAITECHNIKEN
46

BONSAI
WAS IST DAS?

Das japanische Wort *bonsai* bedeutet übersetzt „Baum in der Schale" (*bon* = Schale und *sai* = Baum). Es handelt sich also um einen Baum, der in einem kleinen Gefäß wächst. Das allerdings reicht noch nicht aus, um ein solches Gehölz zum Bonsai zu qualifizieren. Die Bezeichnung Bonsai trifft erst dann zu, wenn es auch gewisse Form- und Stilvorgaben erfüllt.

EIN WENIG GESCHICHTE

Vor mehr als 2000 Jahren nahm diese Kunstform in China ihren Anfang.
Zu ihrer heutigen Form hat sie sich jedoch in Japan entwickelt.

Asien

Die Bonsaikunst hatte ihren Ursprung im Reich der Mitte
während der Han-Dynastie, also vor über 2000 Jahren.
Damals schufen Künstler aus Steinen und kleinen Bäumchen die ersten Miniaturlandschaften in einer Schale.
Diese Kunstform, Penjing genannt, war einzig der Elite
vorbehalten.

Erst 1300 Jahre später wurde diese Kunst auch in Japan
aufgenommen; sie erhielt nun gewisse Regeln, an denen
sich der Einfluss des Buddhismus erkennen lässt. So ent-
stand das Bonsai, wie wir es heute kennen: die Kunst,
Bäume in der Schale zu gestalten. Als Hauptstadt der
Bonsaikunst gilt das japanische Dorf Omiya. Mit seinen
seit 1925 bestehenden, auf Bonsais spezialisierten Gärt-
nereien ist es ein Pflichtziel aller Bonsai-Liebhaber auf
Japanreise.

Europa

Nach Europa – genauer gesagt: nach Paris – kamen die
ersten Bonsais 1878 im Rahmen der 3. Weltausstellung,
und eine private Ausstellung brachte sie schließlich im
Jahr 1909 nach London. Dennoch sollte es bis in die
1980er- und 1990er-Jahre dauern, bevor die Bonsaikunst
in Europa einen größeren Bekanntheitsgrad erlangte.
Doch aufgrund viel zu geringer, teils auch gänzlich feh-
lender Informationen weiß man sogar heute noch viel zu
wenig über diese Kunstform.

Vereinigte Staaten

In die Vereinigten Staaten gelangte die Bonsaikunst erst
nach dem Zweiten Weltkrieg, und zwar direkt von Japan
aus. Heute findet sie dort dank junger Bonsai-ka (Bonsai-
Meister) wie Ryan Neil immer weitere Verbreitung.

Der Anfang: Eine geeignete Pflanze auswählen

Eines der wichtigsten Kriterien zur Beurteilung eines
Bonsais ist das sog. Nebari, der Wurzelhals. Sobald ein
Bonsai ein gewisses Alter erreicht hat, lässt sich an
dieser Partie nicht mehr viel verändern. Das untere
Stammende sollte sternförmig verwurzelt sein und ein
wenig dicker als der übrige Stamm. Insgesamt wird
eine pyramidenförmige Silhouette angestrebt. Die
Spitze der Baumkrone ist die schmalste Partie, die
obersten Äste müssen daher kurz sein; die von den
untersten Ästen gebildete Kronenbasis muss breiter
sein als der Bonsai hoch ist.

Freilandbonsais im Herbstgewand (von hinten nach vorn):
Urweltmammutbaum, Hainbuche, Shishigashira-Ahorn und
Fächer-Ahorn, Zwergmispel und Ginkgo.

FORMEN UND GRÖSSEN

Zwar ist jeder Bonsai einzigartig, doch lassen sich bestimmte Formen identifizieren, die ebenso wie die verschiedenen Bonsaigrößen japanische Bezeichnungen tragen.

Grundformen

Chokkan (streng aufrechte Form): Eine sehr verbreitete Form mit senkrechtem, geradem Stamm.

Moyogi (frei aufrechte Form): Die Äste setzen jeweils an der Außenkrümmung des geschwungenen Stamms an. In der Natur führen wechselnde Winde zu solchen Baumformen.

Shakan (gelehnte Form): Der unterste Ast reckt sich genau entgegen der Stammneigung, um einen optischen Ausgleich zu erzeugen.

Hokidachi (Besenform): Gerader, senkrechter Stamm mit sternförmig abgehenden, dicht und fein verzweigten Ästen.

Bankan (stark gewundene Form): Stark gewundener Stamm, auch hier mit Ästen, die jeweils an der Außenkrümmung ansetzen. Selten in der Natur zu beobachten.

Kengai (Kaskadenform, Vollkaskade): Dieser Bonsai wird in einem tiefen, schmalen Gefäß gehalten; seine Äste ragen tiefer als der Schalenboden.

Han-Kengai (Halbkaskade): Wie die Vollkaskade, nur reichen die Äste weniger tief hinab.

Fukinagashi (windgepeitschte Form): Sämtliche Äste weisen in dieselbe Richtung.

Bunjingi (Literatenform): Bei dieser strengen, raffinierten Form handelt es sich um einen relativ hohen Baum mit lediglich drei bis vier Ästen.

Weitere Formen

Sharimiki (Stamm-Shari): Der teilentrindete Stamm vermittelt den Anschein hohen Alters oder durchlittener Unwetter. Altehrwürdige Anmutung.

Neagari (Wurzelstamm): Der kurze Stamm steht auf nackt aus dem Boden aufragenden Stelzwurzeln; die Krone ist dicht verzweigt.

Sekijoju (felsumklammernde Form): Der Baum wächst über einem Stein, den er mit den Wurzeln umklammert.

Ishitsuki (Felsenform): Der Baum wächst auf einem Felsen; seine Wurzeln suchen ihren Weg durch Spalten und Ritzen.

Pflanzungen mit mehreren Stämmen

Sokan: Zwillingsstamm (gemeinsame Wurzel) oder Doppelstamm (zwei verschiedene Gehölzarten).

Ikadabuki (Floßform): In der Natur entstehen solche Formen, wenn ein Baum umstürzt und der Stamm neu einwurzelt. Die bisherigen Äste entwickeln sich zu neuen Baumstämmen.

Kabudachi (Mehrfachstamm): Mehrere an der Basis verbundene Stämme (gemeinsame Wurzel).

Netsunagari (verbundene Wurzel): Mehrere Stämme entspringen einer gewundenen Wurzel.

Yose-ue (Waldform): Eine ungerade Zahl von Bäumchen, zu einem Wald gruppiert.

Größe: Eine Frage der Kategorie

In Japan werden Bonsais anhand ihrer Größe unterschiedlichen Kategorien zugeordnet, die außerdem noch danach gruppiert sind, wie viele Hände benötigt werden, um sie zu tragen:

- **Mame** und **Shohin:** Bonsai für eine Hand (Mame bis 13 cm, Shohin bis 23 cm).
- **Komono, Katade-mochi** und **Chumono/Chiu:** Bonsai für zwei Hände (von 15–90 cm).
- **Omono:** Bonsai für vier Hände (von 60–120 cm, eindrucksvolle, oftmals sehr alte Bäume).

Mame und Shohin   Komono bis Chumono   Omono

ANATOMIE UND ENTWICKLUNG

Je mehr ein Baum an Höhe zulegt, desto dicker werden Stamm und Äste. Und das zeigt sich in den Jahresringen.

Stamm & Äste

Das Dickenwachstum eines Baumes ist im Stammquerschnitt als Jahresringe erkennbar. Bäume wachsen aber natürlich auch in die Länge – immer an der Spitze eines Triebes. Je nachdem, wie stark das Spitzenwachstum gegenüber dem Wachstum der Seitenverzweigungen ist, fällt die Baumsilhouette unterschiedlich aus: Eine kegelförmige Silhouette verweist auf eine große Apikaldominanz (starkes Spitzenwachstum), eine kugelförmige oder breite Silhouette dagegen auf relativ schwaches apikales Wachstum. Daraus ergibt sich für uns: Das Wachstum eines Bonsais lässt sich beeinflussen, indem man die Gipfelknospe (Apikalknospe) entfernt. Dasselbe gilt für die Äste, denn deren Endknospe (Terminalknospe) weist dieselben Eigenschaften auf. Sämtliche Zweige beginnen im Frühjahr zu wachsen und schließen ihr Wachstum am Ende der Vegetationsperiode ab. Ab dem Spätsommer verholzt der neue Zuwachs; diesen Prozess bezeichnet man als Ausreifen. Der Jahreszuwachs in der Länge lässt sich vom Zuwachs des vorangegangenen Jahres an der Farbe der Rinde und an den Narben der Knospenschuppen unterscheiden.

Wachstumsphasen

Im mitteleuropäischen Klima beginnt das Wachstum der Gehölze überwiegend im Frühjahr und Frühsommer. Danach verlangsamt sich das Wachstum, Äste und Früchte reifen aus und Knospen werden gebildet. Allerdings ist das konkrete Verhalten von Art zu Art unterschiedlich. Bei immergrünen Gehölzen verteilt sich der Zuwachs gleichmäßiger auf das Jahr, so etwa beim *Ficus*, der im Sommer kräftig zulegt. Die zeitliche Planung der im weiteren Verlauf beschriebenen Eingriffe sollte auf das individuelle Wuchsverhalten des Gehölzes möglichst viel Rücksicht nehmen.

Laub

Die Laub- bzw. Nadelblätter einer Pflanze sind ihre Solaranlage. Ihre Aufgabe besteht darin, das Sonnenlicht einzufangen; ohne sie gäbe es keine Fotosynthese und keinen energiereichen Phloemsaft, der über den Bast (das Phloem) in die Pflanze transportiert wird. Über ihr Laub tauscht die Pflanze mit der Umgebungsluft Gase aus: Die Blätter geben Sauerstoff (O_2) ab und nehmen Kohlendioxid (CO_2) auf. Auch sind sie für die Transpiration zuständig. Daraus ergibt sich: Reduzieren wir beim Wurzelschnitt die Wurzelmasse eines Bonsais, müssen wir auch seine Blattmasse reduzieren, um seine Transpiration und damit den Wasserverlust zu verringern. So mindern wir den Stress, den wir dem Bonsai zumuten.

Knospen

Blattknospen werden im Herbst angelegt; sie versprechen uns neue Blätter und Triebe im folgenden Jahr. Blütenknospen erscheinen je nach Gehölzart zu unterschiedlichen Jahreszeiten; die Blütenknospen der Azalee etwa werden bereits 8–10 Monate vor der Blüte angelegt.

Holz im Querschnitt

- **Kernholz:** Das harte, älteste Holz im Inneren. Es besteht aus nicht mehr aktiven, sog. verkernten Zellen des Splintholzes.
- **Splintholz** (Xylem): Das jüngere Holz. In seinen Kapillaren steigt das Wasser-Nährsalz-Gemisch (der Xylemsaft) von den Wurzeln zum Laub auf.
- **Kambium:** Der aktivste Teil des Gehölzes. Es sorgt für das Wachstum, lässt nach innen neue Splintholzzellen entstehen und nach außen neuen Bast. Propfungen erfolgen ins Kambium, und auch für die Wundüberwallung sorgt es.
- Im **Bast** (Phloem, innere Rinde) steigt der vom Laub angereicherte Pflanzensaft ab.
- Die **Borke** (äußere Rinde) dient dem Schutz gegen schädliche Außeneinwirkungen. Sie ist die durchlässige Haut des Gehölzes – auch durch sie atmet das Gehölz.

Wurzeln

Das Wurzelsystem besteht aus Haupt- und Seitenwurzeln, die sich zu Haarwurzeln verzweigen. Die Haarwurzeln nehmen aus dem Wasser und dem Boden die Nährstoffe auf, die die Pflanze benötigt. Darüber hinaus haben die Wurzeln die Aufgabe, das Gehölz fest im Erdreich zu verankern. Auch Wurzeln atmen: Sie entnehmen dem Erdboden Sauerstoff. Deshalb ist es wichtig, dass das Substrat luft- und wasserdurchlässig ist.

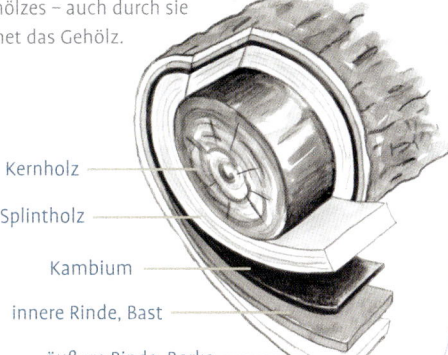

Kernholz

Splintholz

Kambium

innere Rinde, Bast

äußere Rinde, Borke

BONSAISCHALEN

Die Aufgabe des Pflanzgefäßes besteht darin, Ihren Bonsai in Szene zu setzen; es muss gewisse ästhetische Kriterien erfüllen und Ihnen zugleich ermöglichen, Ihr Bäumchen gesund zu erhalten. Ausschlaggebend ist seine Größe, denn diese entscheidet über ein harmonisches Gesamtbild.

Schalengröße

Das Astwerk eines Bonsais sollte leicht über seinen Schalenrand hinausragen. In einer zu kleinen Schale wirkt er unproportioniert und eingeengt; in einer zu großen Schale kann er mickrig wirken. Dennoch darf die Wahl bisweilen bewusst auf ein überdimensioniertes Gefäß fallen, eine sog. Trainingsschale. In dieser findet das Gehölz genügend Raum, seine Wurzeln auszustrecken; dadurch wächst es schneller und nimmt rascher an Umfang zu, als dies in einer passenden Bonsaischale möglich wäre.

Schalentiefe

In der Bonsaikunst wird aus ästhetischen Gründen das Umtopfen in eine von Mal zu Mal flachere Schale angestrebt. Dabei will die Höhe des Wurzelballens berücksichtigt sein, und eine selbstständige Wasserversorgung des Bäumchens muss gewährleistet bleiben. Die Schalentiefe sollte in etwa dem Stammdurchmesser entsprechen. Je größer und tiefer ein Gefäß ist, desto länger hält das Substrat Feuchtigkeit. Aufgepasst bei kleinen Schalen: Sie sind verführerisch schön, aber der Bonsai lässt sich darin schwieriger halten.

Schalenform

Rechteckige, ovale und runde Schalen sowie Kaskadenschalen sind die häufigsten Gefäßformen. Weniger häufig sind Halbmondschalen, auch als Kurama-Schale bezeichnet, die handgefertigt werden.
- Rechteckige Schalen gelten als „maskulin" und dementsprechend eher herb.
- Ovale und runde Schalen gelten als „feminin" und daher feiner. Sie verleihen dem Bonsai eine sanftere Anmutung. Sie werden gern für Gestaltungsformen verwendet, die mehrere Ansichtsseiten haben: Egal, von welcher Seite man den Baum betrachtet, er sieht immer schön aus, und die Schale ist immer gut ausgerichtet.
- Landschaftsschalen und Tabletts werden gern für Waldpflanzungen verwendet.

Strauchportulak (*Portulacaria*) in chinesischer Kaskadenschale.

Kaskadenschale
aus Japan

rechteckige Schale
aus China

rechteckige Schale
aus Indonesien

runde Schale
aus Japan

kunsthandwerkliche Schale
aus Japan

ovale Schale aus Japan

Waldschale aus Japan

Schalenfarbe

Glasiert oder unglasiert, grün, blau, elfenbeinfarben, erdfarben oder rotgebrannt – dies sind die Oberflächen, die man am häufigsten bei Bonsaischalen sieht. Grundsätzlich gilt: Die Farbe soll den Bonsai zur Geltung bringen, ohne ihm die Schau zu stehlen. Der Baum soll den Blick anziehen – das Gefäß ist zweitrangig.

Die inneren Gefäßwände müssen unglasiert sein, damit sich die Wurzeln daran anheften können und der Baum besser verankert ist. Die poröse Innenseite gestattet auch eine gewisse Wasseraufnahme und ist damit ein – wenn auch sehr geringfügiges – Reservoir.

Schalenqualität

Japanische Schalen sind in Bonsai-Fachbetrieben am häufigsten zu finden. Diese Keramiken sind von ausgezeichneter Qualität. Die besten und elegantesten Gefäße kommen aus der Region um Tokoname, die für ihre fast 1000-jährige Keramiktradition bekannt ist; die Ware ist von ausgesuchter Qualität und entsprechendem Preis.

Chinesische Schalen fallen oft in der Qualität dahinter zurück; ihnen fehlt meist der letzte Schliff und sie sind empfindlicher. Es gibt jedoch sehr fein gearbeitete antike chinesische Bonsaischalen; diese sind relativ selten und von ausgezeichneter Qualität.

Indonesische Schalen liegen qualitätsmäßig zwischen der chinesischen und der japanischen Keramik. Diese Schalen werden vorwiegend für Zimmerbonsais verwendet, vertragen aber auch Frost.

Kunsthandwerkliche Schalen, von Töpfern handgefertigt, sind oft von ausgezeichneter Qualität, mit raffiniert aufeinander abgestimmter Körnung und Oberfläche, die den Bonsai perfekt zur Geltung bringen. Solche Gefäße wirken sich immer auf die Wahrnehmung des Bonsais aus. Oft weisen sie eine Pressmarke auf, die der Künstler mit seinem Prägestempel auf die Unterseite gesetzt hat.

Unverzichtbar

Eine Bonsaischale benötigt zwingend Abzugslöcher, damit überschüssiges Wasser ablaufen kann. Achten Sie darauf, dass der Gefäßboden innen leicht konkav ist – so kann sich an den Rändern kein Wasser sammeln und Staunässe verursachen. Die Keramik muss frostsicher sein, damit sie bei Minustemperaturen nicht springt.

SUBSTRAT

Jede Gehölzart ist in ihren Bodenansprüchen ebenso individuell wie in ihren Temperaturansprüchen. Wir differenzieren zwischen Koniferen, Kalkfliehern und anderen Bonsais.

Akadama

Kiryu

Kanuma

Bestandteile

Akadama: pH-neutrales Lehmgranulat aus Japan, erhältlich in kleiner, mittlerer und grober Körnung. Akadama verfügt über eine hohe Wasserspeicherkapazität; mit dem Wasser nimmt es auch Nährstoffe auf, die später ebenfalls an den Bonsai abgegeben werden.

Kiryu: Vulkankies-Granulat in kleiner, mittlerer und grober Körnung; dieses aus japanischen Flüssen gewonnene Granulat erhöht die Durchlässigkeit des Substrats. Es sorgt für gute Bodenbelüftung und damit für gutes Wurzelwachstum.

Kanuma: Diese in der Region um die japanische Stadt Kanuma gewonnene Erde mit niedrigem pH-Wert wird für kalkfliehende Gehölze wie Azaleen verwendet (daher auch „Azaleenerde"). Auch sie sorgt für gute Wasserdurchlässigkeit.

Mischungsverhältnisse

Koniferen benötigen eine gut durchlässige Mischung; sie bekommen daher ein Substrat aus gleichen Teilen Akadama und Kiryu.

Kalkfliehende (= azidophile bzw. säureliebende) **Gehölze** wie beispielsweise Azaleen benötigen eine andere Mischung, nämlich 40 % Kanuma, 40 % Rhododendronerde und 20 % Kiryu.

Für alle anderen Bonsais nimmt man eine Mischung aus 40 % Akadama, 40 % handelsüblicher Universalerde (damit der Bonsai dank der mikrobiellen Aktivität Stickstoff aufnehmen kann) und 20 % Kiryu.

Dünger als Granulat.

Dünger als Mikrogranulat.

Bringen Sie den Dünger als dünne Schicht auf das leicht angefeuchtete Substrat auf.

Dünger

Da die Schalen zu klein sind, um Nährstoffe in ausreichender Menge zu speichern, müssen die Bäume über angemessene Düngergaben mit Nährstoffen versorgt werden.

Dünger besteht vor allem aus drei für Pflanzen unverzichtbaren Elementen:

- Stickstoff (N) fördert das Wachstum der Blätter. Stickstoffmangel macht sich bei der Pflanze durch sehr helles Laub bemerkbar; eine Überdüngung mit Stickstoff führt zu übergroßen Blättern und langen Internodien.
- Phosphor (P) fördert das Wurzelwachstum und die Anlage von Blütenknospen.
- Kalium (K) fördert die Resistenz gegen Krankheiten und Schädlinge und macht witterungsresistent. Darüber hinaus fördert Kalium die Ausbildung kurzer Internodien.

Weitere, ebenfalls unverzichtbare Elemente in schwächerer Konzentration wie Magnesium, Eisen, Kalzium, Kupfer, Zink und Mangan vervollständigen den Dünger.

Die wichtigsten Verabreichungsformen für Dünger sind:

- Organisch-mineralischer Flüssigdünger verteilt sich rasch im Substrat und ist sehr schnellwirkend (Gefahr der Überdosierung).
- Fester organischer Dünger wird nur langsam verfügbar (sehr geringe Gefahr der Überdosierung). Man hat die Wahl zwischen Düngerpellets, von denen man zwei bis drei in jede Topfecke legt, und Granulat, das rings um den Bonsai dünn auf das Substrat gestreut wird (nicht zu nah am Stamm).

Fehler vermeiden

- Flüssigdünger nie auf trockene Erde geben.
- Überdüngung führt zu einer Konzentration von Mineralsalzen im Wasseranteil des Substrats und kann zum Vertrocknen von Triebspitzen bis hin zum Absterben des Gehölzes führen.

Umtopfen

Zweck des Umtopfens ist der Austausch des verbrauchten Substrats. Dies sollte alle 2–3 Jahre erfolgen. Je älter der Bonsai ist, desto größer darf der zeitliche Abstand sein. Ab einem gewissen Alter steht der Bonsai auf einem gut entwickelten Wurzelsystem und wächst deutlich langsamer, sodass das Umtopfen in immer größeren Abständen erfolgen darf. Aber auch die Schalengröße hat Einfluss auf den Umtopfzyklus: Je kleiner die Schale, desto häufiger wird umgetopft.

LICHT

Zum Überleben braucht ein Bonsai unbedingt Licht. Bei schlechten Lichtverhältnissen wird das Gehölz schwächeln und schließlich eingehen. In Bezug auf Licht unterscheiden sich die Ansprüche von Zimmer- und Freilandbonsais.

maximal 1 m

Der Zimmerbonsai

Im Winter: Zimmerbonsais verbringen die kalte Jahreszeit im Schutz unserer Wohnungen. Gerade zu dieser Zeit kann sich Lichtmangel als fatal erweisen. Daher müssen Sie Ihr Bäumchen nun relativ nah an ein helles Fenster stellen. Denken Sie daran, es hin und wieder ein wenig zu drehen, damit von allen Seiten Licht darangelangt. Wenn Sie den Bonsai an ein Südfenster stellen, lassen Sie wegen der UV-Strahlung etwas Abstand zur Scheibe. Weil die Erde hier außerdem schneller austrocknet, sollten Sie regelmäßig gießen. Wenn Sie im Sommer nicht allzu häufig gießen wollen, stellen Sie den Bonsai an ein helles Fenster, das nicht nach Süden zeigt.

Im Frühjahr: Wenn es draußen wieder schön wird und die Frostgefahr vorüber ist, können Sie Ihre Zimmerbonsais auch nach draußen stellen. Manche Arten wie der Japanische Pfeffer sind im Frühjahr gegen volle Sonne sehr empfindlich. Stellen Sie Ihre Bäume daher erst einmal in den Schatten oder Halbschatten. Nach einer Gewöhnungsphase können sie dann auch volle Sonne vertragen.

Im Sommer: Im heißen Sommer sind Südlagen unbedingt zu meiden. Wenn die Sonne die Bonsaischale aufheizt, wird es den Wurzeln schnell zu warm und die Erde trocknet im Nu aus. Ein Standort im Schatten oder Halbschatten ist daher vorzuziehen.

Stellen Sie Ihre Zimmerbonsais im Winter maximal 1 m vom Fenster entfernt auf.

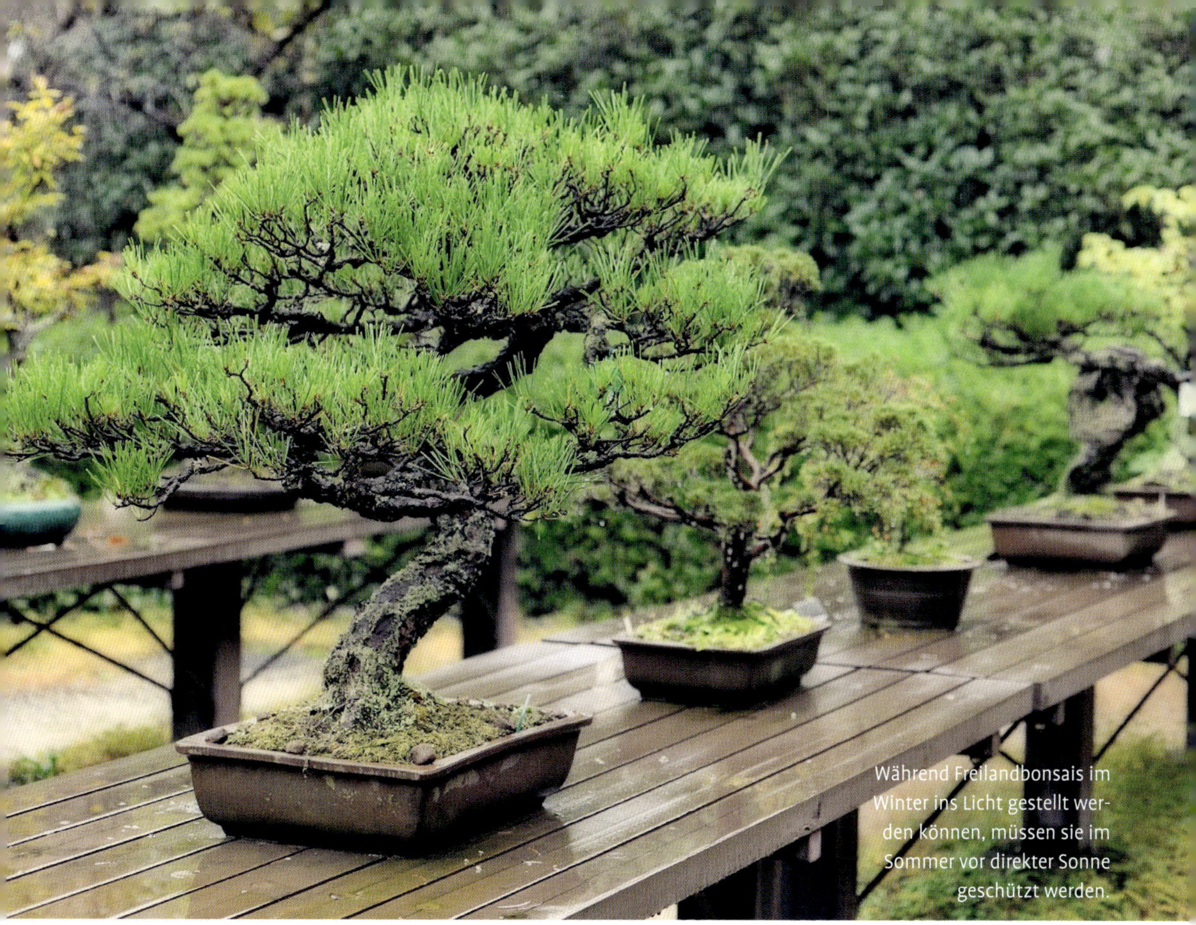

Während Freilandbonsais im Winter ins Licht gestellt werden können, müssen sie im Sommer vor direkter Sonne geschützt werden.

Der Freilandbonsai

Freilandbonsais bleiben, wie ihr Name schon andeutet, normalerweise das ganze Jahr im Freien.

Im Winter: Vollsonnig aufgestellt profitieren Immergrüne und Halbimmergrüne vom Licht. Bei Minustemperaturen besteht allerdings die Gefahr der Frosttrocknis. Dann sollten sie einen Sonnenschutz bekommen.

Im Frühjahr/Sommer: Das übrige Jahr schätzen Freilandbonsais einen schattigen bis halbschattigen Standort oder einen Platz unter Schattiergewebe. Im Sommer sind Südstandorte zu meiden, egal, um welche Gehölzart es sich handelt. Die Schalen sind zu klein, um das Substrat feucht zu halten, und sie heizen beim geringsten Sonnenstrahl im Nu auf.

Anzeichen von Lichtmangel sind

- lange Internodien (Sprossabschnitte zwischen zwei Blattansätzen);
- Abwerfen grüner Blätter, vor allem von lichtabgewandten Partien;
- übergroßes Laub;
- feucht bleibendes Substrat.

Gefährliche Sommersonne

Dass diese Prachtglocke (*Enkianthus*) die pralle Sommersonne nicht vertragen hat, zeigen ihre verbrannten Blattränder.

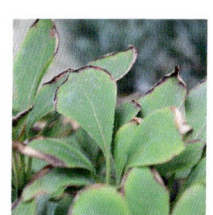

TEMPERATUR

Genau wie das Licht haben auch die Temperaturen Einfluss auf die Gehölzentwicklung: Ein gesundes Wachstum ist nur innerhalb eines bestimmten Temperaturbereiches möglich. Bonsais brauchen im Sommer und im Winter angemessene Bedingungen.

Kalt im Winter

Ein Freilandbonsai benötigt Frost als Auslöser für seine Winterruhe. Verbrächte er den Winter im Haus, wäre ihm zu warm und er würde schwächeln.

Ein Zimmerbonsai benötigt ebenfalls eine Temperaturabsenkung, jedoch in geringerem Maße als seine Freiland-Cousins, denn ihm schadet Frost.

Warm im Sommer

Das übrige Jahr genießen alle Bonsais Licht und Wärme – achten Sie jedoch auf ihren Wasserbedarf, denn ohne entsprechend angepasstes Gießen bekommen sie schnell Durst, weil Wärme das Laub transpirieren lässt. Bonsais mit dicken, festen oder fleischigen Blättern oder aber Nadeln sind deutlich hitzeverträglicher als solche mit feinem, zartem Laub.

Wärme beeinflusst auch die Aufnahme von Nährstoffen aus Erde und Dünger. Gehölze können die Nährelemente nur in einem bestimmten Temperaturbereich nutzen. Ist es zu heiß oder zu kalt, verwertet Ihr Bonsai sie nicht.

Durst

Hat ein Bonsai mit zartem Laub Durst, so ist dies auf einen Blick zu erkennen: Das Laub wird blass und schlaff, als sei ihm das Wasser entzogen worden. Der hier abgebildete Junischnee hat großen Durst und sollte rasch gegossen werden.

Ahorne im Herbstlaub.

Azalee in der Sommersonne.

WERKZEUG –
DIE GRUNDAUSSTATTUNG

Sobald Sie die tägliche Pflege Ihres Bonsais überblicken, nämlich die Licht- und Wasserversorgung, die sich ohne besondere Ausstattung bewerkstelligen lässt, ist es an der Zeit, sich mit den wichtigsten Bonsaiwerkzeugen vertraut zu machen.

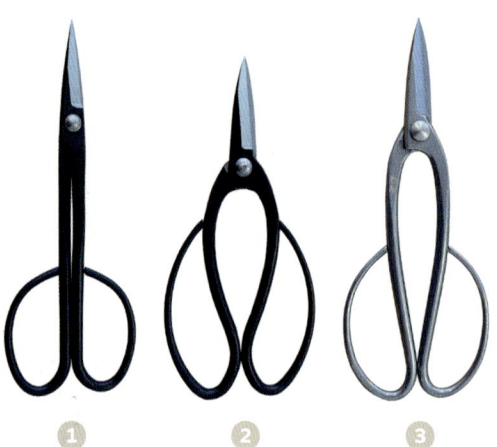
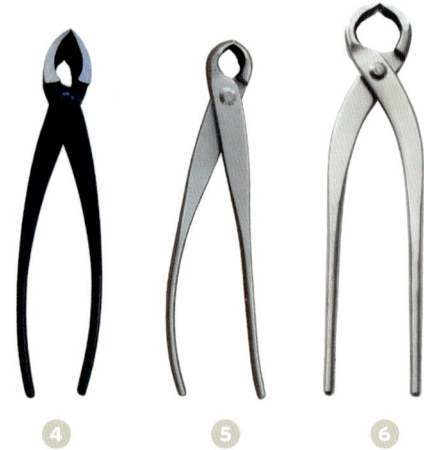

Bonsaischeren

Für den Anfänger ist das wichtigste Werkzeug eine scharfe Schere. Damit werden neben dünnen Reisern, Zweigen und Blättern auch die Wurzeln geschnitten. Es gibt unterschiedliche Typen:

Die **lange Bonsaischere** ❶ ist sehr praktisch, um im Inneren einer dichten Krone zu arbeiten.

Die **große Bonsaischere** ❷ ist vielseitig verwendbar und begegnet einem daher sehr häufig: Mit ihr lassen sich sowohl Äste als auch Wurzeln zurückschneiden. Die Klingen sind kräftiger als die der langen Bonsaischere, weshalb sich mit ihr auch etwas dickere Äste durchtrennen lassen.

Die **mittlere Bonsaischere** ❸, ein Mittelding zwischen den beiden vorgenannten, ist dank ihrer langen Griffe und der relativ starken Klingen sehr praktisch.

All diese Scheren gibt es in unterschiedlichen Größen; wählen Sie sie passend zur Größe Ihrer Hand und zur Größe Ihrer Bäume aus.

Bonsaizangen

Die **Konkavzange** ❹ ist ein weiteres wichtiges Werkzeug für die Bonsaipflege. Mit ihr lassen sich die vom Stamm abgehenden Hauptäste sauber durchtrennen, was eine rasche, möglichst glatte Wundheilung fördert.

Die **Knospenzange** ❺ ist spezieller: Sie dient ausschließlich dazu, Äste dicht am Stamm abzutrennen. Dabei hinterlässt sie eine leicht vertiefte Wunde, die zuheilt, ohne dass ein Rindenwulst entsteht.

Zwischen diesen beiden Zangentypen existieren etliche Zwischenstufen. Auch hier gibt es unterschiedliche Größen, passend zur Größe des Bonsais und zur Stärke des zu durchtrennenden Astes.

Die **Wurzelzange** ❻ wird verwendet, um beim Umtopfen dicke Wurzeln einzukürzen.

Ein Liguster wird mittels einer Konkavzange von einem Wassertrieb befreit.

WERKZEUG UND HILFSMITTEL – FEINARBEITEN

Je detaillierter man seine Bäume bearbeitet, desto größer wird der Bedarf an Hilfsmitteln. Für all diese Arbeiten kann man anstelle von speziellen Bonsaiwerkzeugen auch andere Hilfsmittel verwenden.

Schnittwerkzeug

Die **Stutzschere** ❶ ist zwischen der Schere und der Zange angesiedelt. Mit ihr werden Zweige geschnitten, die für eine Schere zu dick, für eine Zange aber zu dünn sind.

Der **Blattschneider** ❷ wird für feinste Arbeiten herangezogen; verwendet wird er, wie der Name schon sagt, vor allem für den Blattschnitt, etwa beim Entlauben eines Bonsais.

Die **klappbare Bonsaisäge** ❸ gestattet mit ihren sehr dicht stehenden, langen Sägezähnen einen glatten, sauberen Schnitt. Sie kommt zum Einsatz, wenn ein Ast für die Zange zu dick ist.

Das **Pfropfmesser** ❹ gestattet einen sauberen Rindenschnitt, um dahinter ein Pfropfreis einzuführen.

Wundverschluss ist eine relativ weiche Paste, mit der offene Verletzungen am Baum verschlossen werden, damit sie vor Infektionen geschützt sind. So bildet sich rascher Wundgewebe.

Hilfsmittel zum Umtopfen

Der **einzinkige Wurzelhaken** ❺ kommt beim Umtopfen von großen Bäumen oder bei sehr dichten Wurzelballen zum Einsatz, um die Wurzeln zu entwirren.

Die **kleine Wurzelkralle** ❻ dient demselben Zweck, wird jedoch bei kleineren Bäumen und losen Wurzelballen sowie zum Auskämmen kleinerer Wurzeln verwendet.

Das **Sichelmesser** ❼ gestattet, einen festsitzenden Topfballen unbeschadet aus der Schale zu lösen.

Die **Wurzelzange** ❽ wird beim Umtopfen dazu verwendet, dicke Wurzeln zu kürzen.

Erdschaufeln ❾ werden oft als Dreier-Set angeboten, mit oder ohne Siebeinsatz, und kommen beim Umtopfen zur Verwendung.

Siebe werden üblicherweise als Set mit Einsätzen für drei verschiedenen Körnungsgrößen angeboten, um das Anmischen verschiedener Bodentexturen zu ermöglichen.

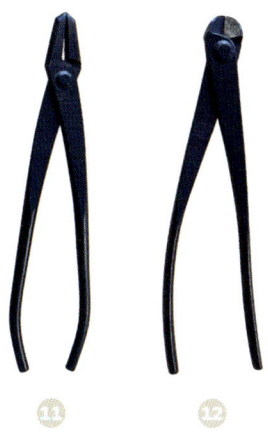

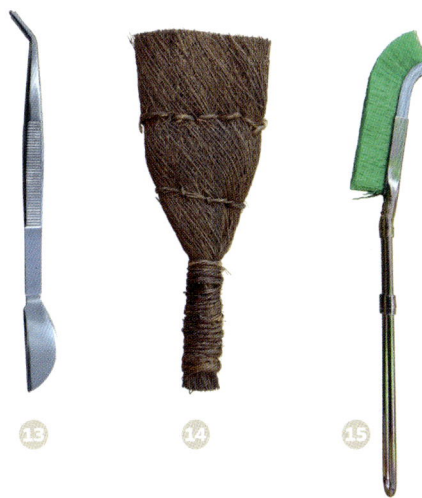

Hilfsmittel zum Drahten

Als **Bonsaidraht** ⑩ kommt meist eloxierter, kupferfarbener Aluminiumdraht zum Einsatz (reiner Kupferdraht ist teurer und schwieriger zu verwenden). Mit Bonsaidraht werden Stamm, Äste oder Zweige umwickelt, um sie in Form zu bringen; außerdem wird damit der Bonsai beim Umtopfen an der Schale fixiert.

Die **Jin-Zange** ⑪ dient vor allem dazu, Äste zu entrinden, die man in Totholz (Jin) umwandeln will. Außerdem kann man damit den Bonsaidraht greifen und festzwirbeln, der das Gehölz in der Schale fixiert.

Die **Drahtzange** ⑫ ist stark genug, um Aluminium- und Kupferdraht durchzukneifen.

Hilfsmittel für die Reinigung

Die **Pinzette mit Spatel** ⑬ dient einem doppelten Zweck: Mit der Pinzette können Sie schwer erreichbare trockene Blätter und Schädlinge greifen und entfernen. Den Spatel verwenden Sie bei kleinen Schalen ähnlich wie sonst das Sichelmesser, um den Topfballen vom Schalenrand zu lösen.

Mit dem **Kokosbesen** ⑭ wird die Erde unter dem Bonsai abgefegt, beispielsweise um sie von abgefallenem Laub zu befreien.

Mit der **Bürste** ⑮ reinigen Sie Baumstamm und Äste von Moos und Kalk. Bei empfindlicher Rinde sollte die Bürste nicht zu hart sein.

GRUNDKURS BONSAIPFLEGE

Die Gesundheit des Bonsais sollte immer Vorrang haben vor ästhetischen Ansprüchen: Ein Gehölz in schlechtem Gesundheitszustand wird nicht gedeihen und kann schon aus diesem Grund nicht schön sein. Führen Sie daher jegliche Behandlung des Bonsais (Rückschnitt, Umtopfen usw.) zur rechten Zeit aus. Diese unterscheidet sich von Gehölzart zu Gehölzart.

GIESSEN

Wasser ist für Pflanzen lebensnotwendig. Somit liegt in der Wasser-zufuhr der erste Schlüssel zum Erfolg, will man seinen Bonsai bei guter Gesundheit erhalten.

Einen Bonsai strikt nach dem Kalender zu gießen, wäre der falsche Ansatz. Etliche Faktoren beeinflussen die Bodenfeuchte: Steht der Bonsai drinnen oder draußen? Steht er nach Süden oder nach Norden? Ist der Freiland-bonsai dem Regen ausgesetzt, oder dem Wind? Ist die Bonsaischale groß oder klein? Je kleiner sie ist, desto rascher trocknet das Substrat aus. Zugleich hängt dies von der Gehölzart ab, denn manche Arten sind durstiger als andere. So kann man nicht vorhersagen, ob ein Bonsai täglich, alle zwei Tage oder noch seltener Wasser benötigt.

Der richtige Gießzeitpunkt

Die beste Methode besteht darin, täglich die Boden-feuchte zu überprüfen – zum einen durch genaues Hinsehen (trockenes Substrat ist hell; je dunkler es ist, desto feuchter ist es), zum anderen durch Fühlen (die Bodenfeuchte lässt sich mit etwas Übung gut mit dem Handrücken spüren).
Ist die Erdoberfläche trocken, so ist es an der Zeit zu gießen. Warten Sie nicht, bis das Substrat durch und durch trocken ist, denn dann beginnt der Bonsai bereits unter der Trockenheit zu leiden. Es gibt zwei Methoden, einen Bonsai gründlich zu wässern: Überbrausen und Tauchen.

Oben: Junischnee (*Serissa foetida*) in trockenem Substrat.
Unten: *Serissa foetida* nach dem Gießen.

Überbrausen

Befeuchten Sie das Substrat mit einer Gießkanne mit Brausekopf, der für einen feinen Regen sorgt. Dieses feine Berieseln ist wichtig, damit im Substrat keine Rinnen entstehen, kein Substrat weggeschwemmt und keine Wurzeln freigespült werden. Auch das Laub kann überbraust werden, um es von Staub zu befreien und Schädlinge fortzuspülen, bevor sie sich festsetzen.

Fehler vermeiden

- Im Untersetzer kein Wasser stehen lassen, damit die Wurzeln nicht faulen.
- Stehen die Pflanzen in praller Sonne, dürfen Sie die Blätter nicht überbrausen, denn die Wassertropfen wirken wie ein Brennglas, es kommt zu Verbrennungen auf den Blattflächen und es entstehen Nekrosen, die nicht wieder auswachsen. Die Schönheit der Pflanze ist dahin.

Tauchen

Tauchen Sie den Bonsai so tief in einen Wasserbehälter, dass seine Erde vollständig unter Wasser ist. 10 Sekunden genügen – lassen Sie die Schale nicht zu lange untergetaucht, sonst entweicht sämtliche Luft aus dem Substrat. Die Wurzeln aber benötigen Luft zum Atmen. Tauchen für mehr als 10 Sekunden empfiehlt sich nur in einem einzigen Fall: wenn das Substrat so stark ausgetrocknet ist, dass es sich weigert, Wasser aufzunehmen, und der Bonsai bereits unter starkem Wassermangel leidet. In diesem Fall muss die Schale mehrere Minuten getaucht werden, damit das Wasser das Substrat wirklich durchfeuchten kann.

ZIMMERBONSAI: ERHALTUNGSSCHNITT

Der Erhaltungsschnitt (auch als Pflegeschnitt bezeichnet) erfolgt in den Zuwachsphasen. Er soll die Gestalt des Baumes erhalten und zugleich seine Energie in die gewünschte Richtung lenken.

vorher

nachher

Wann? Von April bis Juli; ein- bis dreimal, abhängig von der Stärke des Neuaustriebs.

Welche Gehölzarten? Sämtliche Zimmer- und Wintergartenbonsais: Braut-Myrte, *Ficus*, Himmelsblüte, Japanischer Pfeffer, Junischnee, Liguster, Strauchportulak, Tempel-Steineibe u. a.

Beispiel: Bei diesem Japanischen Liguster stimmen die Konturen des Blattwerks nicht mehr: Er benötigt einen Pflegeschnitt.

Schnitt oberhalb eines Blatts ansetzen

Lassen Sie Ihren Bonsai nach dem Winter erst ein wenig austreiben, bevor Sie ihn zurückschneiden. Erst wenn sich die Triebe strecken und die Kronenform zu verwischen beginnt, setzen Sie die Schere direkt oberhalb eines Blattes bzw. Blattpaares an, um zu der gewünschten Form zurückzukehren.

Wassertriebe entfernen

Einen Trieb, der direkt dem Stamm entwächst, lassen Sie nur dann stehen, wenn sich dort ein Ast entwickeln soll. Alle anderen Wassertriebe werden entfernt. Ein stehengelassener Wassertrieb kann die Bonsaiform verderben, indem er den Saft für sich beansprucht und so die anderen Äste schwächt.

Tipp

Der regelmäßige Rückschnitt von Zimmerbonsais während der Vegetationsperiode – d. h. das Zurückschneiden des Neuaustriebs, sobald dieser mehr als 2–3 Blattpaare bzw. Blätter aufweist – führt zu einer feineren Verästelung und kleineren Blättern.

FREILANDBONSAI: ERHALTUNGSSCHNITT

Beginnen Sie im Frühjahr mit dem Pinzieren der Sprossspitzen. Nach jedem erneuten Austrieb lassen Sie wiederum einen Rückschnitt folgen, um die Form des Bonsais zu erhalten.

vorher

nachher

Wann? Im März/April pinzieren; von April bis Juni zwei bis drei Rückschnitte, je nach Bedarf.

Welche Gehölzarten? Ahorn, Apfel, Buche, Ginkgo, Granatapfel, Hainbuche, Japanische Ulme, Lärche, Ölbaum, Urweltmammutbaum, Weißdorn, Zelkove, Zwergmispel u. a.

Beispiel: Ein Pflegeschnitt lässt diesen Ahorn zu einer harmonischen Form zurückfinden.

> **Tipp**
> Ist Ihr Bonsai ein fruchttragendes Gehölz (z. B. ein Apfelbaum), zögern Sie nicht, bis zu einem Drittel der Früchte auszudünnen. So läuft er nicht Gefahr, sich zu verausgaben. Da leider kein Bonsai auf Schnittmaßnahmen mit verkleinerten Blüten und Früchten reagiert, beanspruchen diese viel Energie, was dazu führt, dass das Gehölz im Folgejahr weniger üppig blüht.

Im Frühjahr pinzieren

Beim Pinzieren wird der erste Austrieb des Jahres (März/April) jenseits des ersten neuen Blattpaares bzw. Blattes mit dem Fingernagel oder der Pinzette abgekniffen. Dies führt zu kürzeren Internodien und einer dichteren Verzweigung.

Schnitte platzieren

Der Schnitt setzt grundsätzlich oberhalb eines Blattes oder Blattpaars an, je nach Bedarf zwei- bis dreimal während der Vegetationsperiode, sobald der Neutrieb die Baumkrone aus der Form bringt.

Totholz entfernen

Entfernen Sie abgestorbenes Holz immer gleich – der Baum sieht gepflegter aus, das Licht dringt besser ins Kroneninnere und die Zweige haben mehr Platz, sich zu entfalten.

Wassertriebe entfernen

Junge Triebe aus der Stammbasis oder aus dem Boden bezeichnet man als Wassertriebe oder Wasserschosse. Diese werden entfernt, um zu verhindern, dass sie dem Bonsai Saft und Kraft nehmen.

IMMERGRÜNE KONIFEREN: ERHALTUNGSSCHNITT

Koniferen wachsen langsam und Jungtriebe mit Nadelblättern legen sie nur einmal im Jahr an. Dennoch sind regelmäßige Eingriffe nötig, will man die Form des Bonsais erhalten.

vorher

nachher

Wann? Pinzieren im April, Schnittmaßnahmen im Winter (zwischen November und März).

Welche Gehölzarten? Fichte, Kiefer, Wacholder u. a.

Beispiel: Diese Mädchen-Kiefer benötigte einen Frühjahrsschnitt, um zu ihrer wahren Form zurückzufinden.

> *Putzdienst*
>
> Wann immer am Bonsai Pflegemaßnahmen durchgeführt werden, ist zugleich ein guter Zeitpunkt, Totholz zu entfernen und den Wurzelhals (Nebari) abzubürsten – so verhindern Sie Kalkablagerungen und unerwünschten Moosbewuchs.

Im Frühjahr die Kerzen pinzieren

Koniferen werden durch Pinzieren dazu gezwungen, im Inneren der Krone auszutreiben:

• Kürzen Sie die Hauptkerze eines Kerzenpaars durch Abbrechen um zwei Drittel ein. Lassen Sie die kleinere Kerze intakt.

• Brechen Sie die Hauptkerze eines Trios komplett aus; lassen Sie die beiden anderen treiben.

Kiefern entnadeln

Im September/Oktober können Sie darüber hinaus den stammnahen Bereich der Kiefernzweige teilweise entnadeln, um die dort angelegten Knospen zum Treiben anzuregen. Kürzen Sie dazu mit der Schere die alten Nadeln ein (Sie erkennen sie an der dunkelgrünen Farbe); lassen Sie dabei 2 mm der Nadelscheide stehen.

Im Winter schneiden

Die Zweige einer Konifere werden grundsätzlich oberhalb einer Knospe oder eines Seitentriebs gekürzt. Achten Sie darauf, dass der Seitentrieb stark genug ist, um den Saftkreislauf zu gewährleisten. Verbleibt an einem Zweig keine einzige Knospe, ist die Wahrscheinlichkeit groß, dass er vertrocknet und abstirbt.

ERZIEHUNGSSCHNITT

Der Form- oder Erziehungsschnitt ist dazu da, einem jungen Baum
seine Grundform zu geben oder einen älteren Bonsai im Hinblick auf
seine Form oder Anmutung zu überarbeiten.

vorher

nachher

Wann? Beim Freilandbonsai wird der Formschnitt überwiegend im Winter ausgeführt, wenn das Gehölz in Winterruhe ist und nur wenig Saft führt. So ist der Eingriff weniger gravierend, wenn man einen größeren Ast abtrennt. Beim Zimmerbonsai findet der Formschnitt mitten in der Wachstumsphase statt, denn im Winter würde er durch diesen Eingriff zu sehr geschwächt.

Welche Gehölzarten? Alle.

Beispiel: Formschnitt einer über mehrere Jahre vernachlässigten Vorhang-Feige (*Ficus retusa*). Es wird Geduld und mehrere Schnittmaßnahmen erfordern, bis dieser Bonsai wieder schön anzusehen ist.

Vorgehen

Mit Blick auf die vorhandene Aststruktur und auf den natürlichen Habitus der Gehölzart werden zunächst die Gerüstäste festgelegt, das sind die Hauptäste, von denen die kleineren Äste und Zweige abgehen. Danach werden die Nebenäste festgelegt und ziemlich stark zurückgenommen.

Nicht vergessen

Werkzeug nach jedem Gebrauch sofort gründlich reinigen! Regelmäßiges Nachschärfen hält Ihre Schnittwerkzeuge außerdem immer einsatzbereit.

Aststellung

Die Wuchsrichtung eines Astes lässt sich durch den Schnitt bestimmen, indem man auf einen Seitenzweig oder eine Knospe ableitet. So lässt sich Drahten vermeiden.

Schnitt oberhalb eines Triebs

Ein oberhalb eines Seitentriebs angesetzter Schnitt lenkt den gesamten Saft in diesen Trieb, der sich dadurch zum Haupttrieb entwickelt.

Schnitt oberhalb einer Knospe

Ein Schnitt oberhalb einer Knospe macht diese zur Endknospe, die die weitere Richtung bestimmt. Durch Wiederholung kann man dem Zweig einen Zickzackverlauf geben.

UMTOPFEN

Zweck des Umtopfens ist es, den Bonsai mit frischem Substrat zu versorgen. Auch bei regelmäßigen Düngergaben ist die Erde irgendwann ausgelaugt und kann das Gehölz nicht mehr mit Nährstoffen versorgen.

vorher

nachher

Wann?

- Laubabwerfende Gehölze werden Ende Februar/ Anfang März kurz vor dem Laubaustrieb umgetopft.
- Koniferen werden im April umgetopft.
- Zimmerbonsais werden von April bis Juni umgetopft.

Wie häufig? Abhängig von der Schalengröße und dem Wurzelwachstum wird alle zwei bis drei Jahre umgetopft. Bei ganz winzigen Schalen muss jährlich umgetopft werden.

Beispiel: Wir haben diese Vorhang-Feige (*Ficus retusa*) im Mai umgetopft und ihr bei der Gelegenheit gleich einen Frühjahrsschnitt gegeben.

Zeit zum Umtopfen

Wurzeln, die so stark entwickelt sind, dass sie am Schalenrand entlangwachsen, haben alle Erde verbraucht. Der kleine Rest an Substrat trocknet im Nu aus und dem Bonsai droht Wassermangel.

Wurzeln, die aufgrund von Staunässe faulen, sind weich, zerfasern oder werden schwarz. Nur durch rasches Umtopfen in gesunde Erde kann das Gehölz sich erholen.

Austopfen

Hier erweist sich ein Sichelmesser als hilfreich – besonders dann, wenn der Schalenrand nach innen gewölbt ist.

Wurzeln entwirren

Lösen Sie vorsichtig einen Teil der alten Erde aus dem Ballen – entweder mit einer kleinen Wurzelkralle oder aber, bei sehr verfilzten Wurzeln, mit einem ein- oder mehrzinkigen Wurzelhaken.

Wurzeln zurückschneiden

Kürzen Sie die Wurzeln, die nicht mehr in die Schale passen, um das notwendige Maß ein – die längsten bei Bedarf bis zu zwei Drittel.

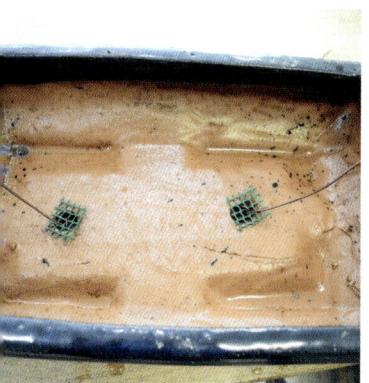

Abzugsloch abdecken

Fixieren Sie über jedem Abzugsloch ein Plastiknetz, um ein Ausspülen der Erde zu verhindern, und führen Sie von unten ein Stück Bonsaidraht durch, mit dem Sie später den Ballen am Gefäß befestigen, damit der Bonsai auch bei Wind und Erschütterungen fest in seiner Schale sitzt.

Substrat einfüllen

Geben Sie eine dünne Substratschicht auf den Gefäßboden. Für die Vorhang-Feige verwenden wir eine Mischung aus 40 % Universalerde, 40 % Akadama und 20 % Kiryu. Ein kleiner Hügel macht es einfacher, den Bonsai in der gewünschten Stellung zu halten. Befestigen Sie das Gehölz mit den zuvor durch die Abzugslöcher geführten Drähten. Füllen Sie den Rest der vorbereiteten Erde ein; stochern Sie diese gut zwischen den Wurzeln, um Hohlräume zu schließen. Abschließend den neu getopften Bonsai gründlich mit feinem Brausestrahl wässern.

> ### Für Ausgleich sorgen
>
> Beim Umtopfen grundsätzlich auch die Krone zurückschneiden: Jeder Wurzelschnitt senkt den Wassernachschub. Um ein Gleichgewicht herzustellen, muss auch die Verdunstungsrate des Gehölzes entsprechend reduziert werden. Entfernen Sie zu diesem Zweck einige Blätter und entspitzen Sie die Zweige.

MANGELERSCHEINUNGEN

Mangelerscheinungen zeigen sich im Laub und entstehen entweder durch unpassendes Substrat oder einen Düngefehler. Bei entsprechenden Anzeichen schaffen Sie Abhilfe, indem Sie in das richtige Substrat umtopfen oder durch eine Düngergabe Ausgleich schaffen.

Eisenmangel (Chlorose)

Typische Zeichen für den Mangel an Eisen (Fe) sind blasse Blattspreiten bei grünen Adern. Ein häufiger Grund ist zu kalkhaltige Erde, wodurch die Aufnahme des für die Chlorophyllsynthese unerlässlichen Eisens behindert wird. Abhilfe schafft ein reiner Eisendünger oder ein an diesem Spurenelement reicher Mehrnährstoffdünger. Auf Dauer gilt es, den pH-Wert des Substrats zu senken (z. B. indem man Rhododendronerde untermischt).

Kalziummangel

Kalzium (Ca) reguliert den Nährstoffhaushalt von Gehölzen und festigt ihr Gewebe. Kalziummangel macht sich durch braune bis gelbliche Blattflecken bemerkbar, die oft von einem scharfen braunen Rand umgeben sind. Das Wachstum ist erkennbar verlangsamt, in schwerwiegenden Fällen verkümmert die Blüte. Abhilfe schafft die Gabe von Spurenelementen über einen Kalzium-Magnesium-Dünger.

Stickstoffmangel/ -überschuss

Ein Mangel an Stickstoff (N) zeigt sich in deutlich blassem Laub. Ein Stickstoffüberschuss hingegen führt zu überlangen Trieben und fördert den Befall mit Blattläusen. Düngen Sie in diesem Fall seltener, dosieren Sie niedriger oder verwenden Sie einen Dünger mit geringerem Stickstoffgehalt.

Phosphormangel

Ein Mangel an Phosphor (P) hat eine generell verminderte Resistenz des Gehölzes gegen Trockenheit, Frost und Infektionen zur Folge. Gleichen Sie mit phosphorbetontem Dünger aus.

Gesundes Laub zeigt an, dass Ihr Bonsai in gutem Gesundheitszustand ist – hier eine Fächer-Zwergmispel (*Cotoneaster horizontalis*).

SCHÄDLINGE

Überbrausen Sie das Laub Ihres Bonsais regelmäßig, um zugewanderte Schädlinge aufzuscheuchen und zu verhindern, dass sie sich dauerhaft an dem Gehölz festsetzen. Zimmerbonsais weisen häufiger einen Befall auf als Bonsais, die im Freien stehen und öfter nassgeregnet werden.

Spinnmilben

Die winzigen gelben oder roten Spinnmilben entziehen den Blättern Pflanzensaft. Sie hinterlassen dabei Einstichstellen und verursachen Blattfall. Bei starkem Befall sind im Geäst dichte Netze aus Spinnfäden zu erkennen. Eine Diagnose lässt sich ganz einfach bewerkstelligen: Schütteln Sie das Laub über einem weißen Blatt Papier aus – wenn sich zwischen den Staubkörnern kleine schwarze Punkte bewegen, ist die Frage eindeutig beantwortet.
Bekämpfen: Giftfreies Spritzmittel auf Rapsölbasis. Das ölhaltige Produkt umschließt und erstickt die adulten Tiere ebenso wie ihre Eier und Jugendstadien.

Schildläuse

Diese an Zweigen und Stämmen saugenden Schädlinge haben selten das Ableben seines Wirts zur Folge, doch sie schwächen diesen. Zumeist werden Schildläuse aus den Gruppen der Napfschildläuse und der Schmier- und Wollläuse beobachtet. Sie setzen sich besonders gern an ganz zarte, junge Blätter. Dabei verraten sie sich durch ihren klebrigen Honigtau.
Bekämpfen: Aufgrund des Schutzschildes ist diesen saugenden Insekten oft schwer beizukommen. Am besten löst man sie mit dem Fingernagel oder einer Zahnbürste. Bei schwerem Befall hilft eine giftfreie Spritzung mit einem Präparat auf Rapsölbasis.

Blattläuse

Diese kleinen, oft grünen, weißen, schwarzen oder auch – im Fall der Apfelblutlaus – wolligen Insekten bilden dichte Kolonien. Sie ernähren sich von Pflanzensaft, den sie aus Blättern und Trieben saugen. Aufgrund ihrer Saugtätigkeit krümmen sich befallene Triebspitzen und das Gehölz wird stark geschwächt.
Bekämpfen: Giftfreies Spritzmittel auf Rapsölbasis, das adulte Tiere ebenso wie ihre Gelege und Jugendstadien erstickt.

Trickreich

Bevor Sie irgendwelche anderen Mittel anwenden, versuchen Sie es mit Wasser: Solange der Befall nicht zu groß ist, genügt oft ein scharfer Wasserstrahl, um Schädlinge aus der Krone des Bonsais zu spülen.

Mottenschildläuse

Mottenschildläuse, darunter die „Weißen Fliegen", setzen sich gern auf die Blattunterseiten von durchscheinendem Laub wie dem von Himmelsblüte, Sageretie und Junischnee. Sie fliegen auf, sobald das Laub erschüttert wird, um sich alsbald wieder darunter niederzulassen.

Bekämpfen: Setzen Sie den Bonsai Wind und Wetter aus – die Schädlinge sollten in absehbarer Zeit von selbst die Flucht ergreifen. Falls nicht, hilft gegen adulte Tiere eine giftfreie Spritzung auf Rapsölbasis. Wiederholen Sie die Behandlung nach einigen Tagen, denn bis dahin sind auch die letzten Tiere aus den Eiern geschlüpft.

Gallmilben

Hierbei handelt es sich um mikroskopisch kleine weißliche Milben. Charakteristisch sind schwärzliche bis rote Blattflecken und auf bestimmte Äste beschränkter Blattfall. Es können deformierte Blätter und Blattgallen auftreten. Gallmilben treten seltener auf als andere Schädlinge, sind allerdings auch deutlich schwieriger zu erkennen, was ihre Bekämpfung entsprechend erschwert.

Bekämpfen: Giftfreies Spritzmittel auf Rapsölbasis. Dieses Mittel erstickt adulte Tiere ebenso wie ihre Gelege und Jugendstadien.

Dickmaulrüssler

Die kleinen, flugunfähigen, überwiegend nachtaktiven Käfer fressen wie ausgestanzt wirkende Löcher in die Blattränder. Fängt man eines der Tiere, verfällt es in Schreckstarre. Größere Schäden als der Käfer selbst richten seine Larven an, denn sie fressen Pflanzenwurzeln.

Bekämpfen: Gegen die Larven helfen räuberische Nematoden (*Heterorhabditis bacteriophora*), die auf das Substrat ausgebracht werden. Auf Käferjagd hingegen geht man in der Nacht: Mit einer Taschenlampe bewaffnet werden sie auf Papier abgeschüttelt und eingesammelt. Diese beiden Bekämpfungsmethoden sind die bei diesem Schädling einzig sinnvollen.

KRANKHEITEN

Alle Gehölze können von auf sie spezialisierten Krankheiten befallen werden, die die Pflanze schwächen. Plötzlich kümmernde Zweige können ein Anzeichen dafür sein. Ein infizierter Bonsai ist zu isolieren, um Ansteckungen vorzubeugen. Infizierte Kronenteile werden entfernt und ein Fungizid wird aufgebracht.

Echter Mehltau

Diese Pilzinfektion findet in kühler, luftfeuchter Umgebung beste Bedingungen. Mehltau überzieht das Laub mit einer weißlichen Schicht: Es wirkt wie bemehlt. Am häufigsten ist die Infektion an Eiche, Hainbuche, Apfel, Sageretie und Ahorn zu beobachten; dabei ist das Auftreten an keine Jahreszeit gebunden.

Vorbeugen: Feuchten Sie das Laub nach Möglichkeit nicht noch spät am Tag an.

Bekämpfen: Giftfreie Spritzung auf Basis von Kaliumhydrogencarbonat.

Schwärzepilze

Diese Pilzinfektion tritt im Zusammenhang mit starkem Läusebefall (Blatt- oder Schildläuse) auf. Schwärzepilze besiedeln den Honigtau, den die Schädlinge absetzen.

Bekämpfen: Gehen Sie gegen den Läusebefall vor und reinigen Sie das Laub. Ein wirksames Mittel ist Schmierseife.

> ### *Hygienemaßnahmen*
> Reinigen Sie Ihr Werkzeug gründlich, sobald Sie ein infiziertes Gehölz behandelt haben, um die Infektion nicht weiterzutragen.

Phytophthora

Dieser mikroskopisch kleine Pilz bewirkt Wurzel- und/oder Kragenfäule. Anzeichen sind trockene Blätter, Triebsterben und Verfärbungen im Inneren des Stamms, der schließlich verdorrt und brüchig wird. Vor allem Azaleen werden von *Phytophthora* angegriffen. *Phytophthora cactorum* befällt hauptsächlich Obstarten und ist beispielsweise der Auslöser der Kragenfäule bei Apfelbäumen.

Vorbeugen: Umtopfen in gut durchlässiges Substrat.

Bekämpfen: Wirkungsvoll ist normalerweise Kupferkalkbrühe.

Feuerbrand

Diese Bakterieninfektion an Rosengewächsen (Rosaceae) macht sich durch Schwarzwerden junger Triebe und austretenden Bakterienschleim bemerkbar. Neben Feuerdorn befällt sie Weißdorn, Scheinquitte, Zwergmispel sowie Apfel- und Birnbaum.

Vorbeugen: Sorgen Sie für eine nicht zu luftfeuchte Umgebung und topfen Sie in durchlässiges Substrat. Befallene Pflanzenteile entfernen und verbrennen; Werkzeug desinfizieren.

Bekämpfen: Ein wirklich wirksames Mittel existiert nicht. Eine Behandlung auf Kupferbasis (Kupferkalkbrühe) oder mit *Bacillus subtilis* kann das Fortschreiten der Infektion hin zur Cankerbildung verlangsamen.

Brennfleckenkrankheit

Diese bei Bonsais selten auftretende Pilzerkrankung zeigt sich in klar abgegrenzten runden bis länglichen, rot- bis schwarzbraunen Blattflecken. Das befallene Gewebe wird zunächst trocken, dann spröde und stirbt schließlich ab.

Vorbeugen: Achten Sie auf gute Belüftung.

Bekämpfen: Vorbeugende Spritzung mit einem Fungizid.

SPEZIELLE BONSAI- TECHNIKEN

Sobald Sie die tägliche Pflege Ihres Gehölzes und die grundlegenden Techniken verinnerlicht haben, können Sie sich an speziellere Bonsaitechniken wagen, um dem Bäumchen durch Formgebung die gewünschte Gestalt zu verleihen.

DRAHTEN & ABSPANNEN

Beim Drahten wird ein Kupfer- oder Aluminiumdraht spiralförmig um einen Ast oder Zweig gelegt, um diesem dann eine Richtung oder Form zu geben, die die angestrebte Bonsaiform unterstreicht.

Wann? Die beste Zeit zum Drahten sind die Wintermonate. Eine zu dieser Zeit in Angriff genommene Formgebung stört den Saftfluss am wenigsten, da sich das Gehölz in Ruhe befindet.

Welche Gehölzarten? Manche Arten eignen sich besser zum Drahten als andere. Besonders biegsame Arten wie Koniferen und *Ficus* lassen sich am problemlosesten drahten.

Material: Bonsaidraht (seine Stärke sollte etwa ein Drittel der Aststärke betragen, damit dieser den Ast oder Zweig in Position halten kann), Jin-Zange und Drahtzange zum Ein- und Entdrahten.
Beim Drahten wird grundsätzlich von unten nach oben und von innen nach außen gearbeitet, und zwar grundsätzlich am Stamm beginnend.

vorher

nachher

> *Draht rechtzeitig lösen!*
> Im ausgehenden Winter müssen die Drähte gelöst werden, denn sobald das Gehölz sein Wachstum wieder aufnimmt, setzt auch ein Dickenwachstum von Stamm und Ästen ein. Ein zu eng anliegender Draht kann im Nu Abdrücke in der Rinde hinterlassen und diese im schlimmsten Fall verletzen.

Durch Drahten formen

Soll ein Ast eingedrahtet werden, wird der Draht zunächst um den Stamm geführt: Soll der Ast nach unten korrigiert werden, wird der Draht von unten um den Stamm geführt ❶, soll der Ast angehoben werden, wird der Draht von oben um den Stamm geführt ❷. Alternativ kann man den Draht um einen gegenüberliegenden Ast führen ❸.

Durch Abspannen formen

Beim Abspannen wird ein Ast mittels eines zum Pflanzgefäß oder zu einer Wurzel geführten Spanndrahts abgesenkt. Ziehen Sie diesen Spanndraht nach und nach fester, um den Ast immer weiter nach unten zu korrigieren. Umwickeln Sie den Spanndraht mit Raffia, bevor Sie ihn direkt um den Ast legen – so wird die Rinde geschützt.

Weite Windungen

Beim Drahten geht es nicht darum, den Baum dicht an dicht zu umwickeln. Anzustreben ist eine Steigung der Drahtspirale von etwa 45 Grad (der Draht liegt diagonal zum Ast).

Blätter und Knospen schonen

Achten Sie darauf, dass Sie dem Bonsai beim Anlegen des Drahts keinen Schaden zufügen. So sollte dieser nie über Blätter oder Knospen geführt werden, damit diese nicht gequetscht oder abgebrochen werden.

Doppelt drahten

Wenn der verwendete Draht zu dünn für seine Aufgabe ist, kann man einen zweiten Draht anlegen, um die Wirkung zu verstärken. Achten Sie darauf, dass sich die beiden Drähte auf keinen Fall überkreuzen.

JIN-TECHNIK

Bei der Jin- oder Totholz-Technik wird ein abgestorbener Ast entrindet, um ihm einen besonderen Charakter zu verleihen und es so aussehen zu lassen, als habe der Baum im Kampf gegen die Naturgewalten Schaden genommen. Diese Technik ist besonders nützlich, wenn eine Kronenpartie ungewollt abgestorben ist.

vorher

nachher

Wann? Ganzjährig, sobald der Ast gut ausgetrocknet ist.

Welche Gehölzarten? Idealerweise bei einem Gehölz mit hartem, dauerhaftem Holz – Eibe, Fichte, Kiefer, Wacholder.

Beispiel: An dieser Kiefer befindet sich bereits Totholz, doch durch eine Panne hat sie nun auch noch die ganze Spitze verloren.

Stamm-Shari
Ein Shari ist im Prinzip dieselbe künstliche Alterungstechnik, wird aber am Stamm ausgeführt.

Entrinden

Nehmen Sie den abgestorbenen Ast zunächst auf die gewünschte Länge zurück. Schneiden Sie dann die Rinde parallel zum Stamm ein und schlitzen Sie sie an der Unterseite auf. Reißen Sie mit der Jin-Zange die Rinde ab, bis das Holz blank liegt.

Schmirgeln

Schmirgeln Sie das Holz mit feinem Schleifpapier glatt. Falls gewünscht, gestalten Sie die Umrisse des toten Astes feiner, indem Sie sein Ende mit der Konkavzange zuspitzen.

Schützen

Der letzte Schritt besteht üblicherweise im Aufbringen einer Kalzium-Polysulfid-Lösung (als „Jin-Mittel" im Handel). Diese schützt den Bonsai vor Infektionen und bleicht zugleich das Totholz, sodass es natürlich gealtert wirkt.

ENTLAUBEN

Das Entlauben fällt unter die Schnitttechniken; in diesem Fall werden sämtliche Blätter eines Baums entfernt, damit er sich dichter verästelt und kleinere Blätter treibt.

Wann? Während der Wachstumsphase, im Frühjahr oder Sommer.

Welche Bonsais? Ausschließlich bei kräftigen, gesunden Exemplaren. Am einfachsten ist diese Technik bei Laubgehölzen wie *Ficus*, Himmelsblüte, Ahorn und Hainbuche durchzuführen.

Beispiel: Dieser *Ficus* trägt nur im oberen Kronenbereich Blätter; im Übrigen sind seine Zweige kahl. Wir könnten die Zweige entspitzen (die Triebspitzen mit ein oder zwei Blättern kappen), damit das Gehölz stammnäher austreibt; es ist jedoch nicht garantiert, dass der Austrieb dann gleichmäßig erfolgt. Vorzuziehen ist daher das Entblättern, gefolgt von einem leichten Einkürzen der Triebe.

> **Wichtig**
> Diese Methode darf bei keinem Gehölz ständig wiederholt werden. Jedes Gehölz kostet das Ersetzen der Belaubung viel Kraft. Um es nicht zu erschöpfen, unterzieht man es dieser Methode daher nur alle paar Jahre.

Blattschnitt

Sämtliche Blätter werden mit der Schere oder dem Blattschneider abgeschnitten; die am Zweig belassenen Blattstiele fallen bald von selbst ab. Gleichzeitig werden zu lang erscheinende Zweige eingekürzt.

Ergebnis

Nun steht der *Ficus* ohne Laub da. Stellen Sie ihn sehr hell auf und gießen Sie äußerst zurückhaltend. Da der *Ficus* derzeit keine Blätter zu versorgen hat, trocknet seine Erde deutlich langsamer aus als gewohnt.

Einige Wochen später

Der *Ficus* hat kleine grüne Spitzen getrieben, aus denen sich neue Blätter entwickelt haben. Nach dem vollständigen Austrieb ist deutlich zu erkennen, dass stammnahe schlafende Knospen ausgetrieben sind.

AUS SAMEN ZIEHEN

Wer ein Gehölz durch und durch verstehen und kennenlernen will, sollte es aus Samen ziehen. Bis man auf diese Weise einen Bonsai erhält, der diese Bezeichnung verdient, sind allerdings rund 10 Jahre Geduld erforderlich.

Vorbereiten

Die Samen mancher Gehölzarten (Ahorn, Apfel, Aprikose, Buche, Feuerdorn, Ginkgo, Hainbuche, Japanische Ulme, Mädchen-Kiefer, Ölbaum, Stechpalme, Wacholder, Zeder, Zelkove, Zwergmispel) müssen stratifiziert werden: Sie keimen erst nach einer mehr oder weniger langen Kälteperiode. Wir legen sie daher ein paar Wochen in den Kühlschrank, um sie aus der Samenruhe zu wecken.

Säen

Füllen Sie eine Schale mit Aussaaterde und feuchten Sie diese an. Legen Sie die Samen darauf und drücken Sie sie leicht an; sie sollen ganz mit Erde bedeckt sein. Stellen Sie die Schale hell und warm auf und halten Sie das Substrat feucht, aber nicht nass. Im Laufe der folgenden Wochen – je nach Gehölzart früher oder später – sollten die Samen keimen.

Gedulden

Nun heißt es ein bis zwei Jahre warten, bevor Sie mit dem Formen beginnen können. Die Zweige sind anfangs viel zu empfindlich zum Drahten; die Jungpflanze muss zunächst wachsen und ein gutes Wurzelwerk ausbilden, damit dieses später ein kräftiges Bäumchen erhalten kann. Sie brauchen also vor allem eines: Geduld!

> **Für die Samenvermehrung empfehlenswerte Arten**
>
> Ahorn, Apfelbaum, Aprikose, Azalee, Braut-Myrte, Buche, Eiche, Feuerdorn, Ginkgo, Gold-Lärche, Granatapfel, Hainbuche, Japanischer Pfeffer, Ölbaum, Orangenraute, Prachtglocke, Stechpalme, Ulme, Urweltmammutbaum, Weißdorn, Zeder, Zelkove, Zwergmispel.

Azaleen-Jungpflanzen, aus Samen gezogen.

AUS JUNGPFLANZEN ZIEHEN

Einen Bonsai können Sie aus Jungpflanzen ziehen, die Sie in der Natur oder im eigenen Garten finden – entweder als Wurzelschösslinge von Gehölzen oder spontan aus Samen aufgegangen, die der Wind herbeigetragen hat.

Aufnehmen

Nehmen Sie die Jungpflanze mit möglichst viel Wurzelmaterial auf und setzen Sie sie in einen ausreichend großen Topf, in dem sie gut weiterwachsen kann. Sie können den Topf mit Erde vom Fundort füllen, um die Pflanze geringerem Stress zu unterziehen. Idealerweise nehmen Sie eine solche Jungpflanze im zeitigen Frühjahr auf, kurz bevor sie wieder zu wachsen beginnt, oder aber im Herbst, sodass sie über den Winter gut einwurzelt. Aufgepasst: Eine im Herbst aufgenommene Jungpflanze sollte im Winter vor Frost geschützt werden.

Ausgleichen

Denken Sie daran, gegebenenfalls einen Laubschnitt vorzunehmen: Da dem jungen Gehölz beim Aufnehmen Wurzelwerk verloren gegangen ist, ist eine Verringerung der Blattfläche sinnvoll.

Dreijährige Libanon-Zeder.

AUS STECKLINGEN ZIEHEN

Vermehrt man ein Gehölz durch Stecklinge, so weisen die Abkömmlinge exakt dieselben Charakteristika auf wie die Mutterpflanze. Man spricht daher von „Klonen".

Steckling nehmen

Schneiden Sie im 45-Grad-Winkel ein reifes Steckholz (ein- oder zweijähriges Holz) mit mehreren Blättern. Zupfen Sie so viele Blätter ab, dass maximal drei oder vier pro Ästchen verbleiben. Halbieren Sie größere Blätter, damit der Steckling über seine Blattflächen nicht zu viel Wasser verdunstet. Entfernen Sie außerdem die Gipfelknospe, denn der Steckling soll seine Kraft nicht ins Höhenwachstum, sondern in die Wurzelbildung stecken.

Wurzelbildung fördern

Tauchen Sie das Steckholz in Bewurzelungspulver, um die Wurzelbildung zu fördern. Sie können das Steckholz auch in Wasser stellen und warten, bis sich Wurzeln gebildet haben.

Einstecken

Stechen Sie mit einem Stäbchen ein etwa 5 cm tiefes Loch ins Substrat und geben Sie das Steckholz hinein. Erde andrücken und mit feiner Brause angießen. Decken Sie den Topf lichtdurchlässig ab, sodass ein warmes, feuchtes Klima entsteht. Lüften Sie regelmäßig, damit sich keine Schimmelpilze bilden.

> *Für Steckhölzer geeignete Arten*
>
> So simpel die Vermehrung über Steckhölzer ist – nicht bei allen Arten funktioniert sie. Gut geeignet sind die folgenden Spezies: Azalee, Braut-Myrte, Buchs, Feige, *Ficus*, Fingerstrauch, Ginkgo, Granatapfel, Hainbuche, Himmelsblüte, Japanische Ulme, Japanischer Pfeffer, Junischnee, Lärche, Liguster, Ölbaum, Orangenraute, Prachtglocke, Sageretie, Scheinquitte, Stechpalme, Strauchportulak, Urweltmammutbaum, Wacholder, Zelkove, Zwergmispel.

DURCH ABMOOSEN GEWINNEN

Beim Abmoosen bringt man ein Gehölz dazu, an einem seiner Äste Wurzeln zu treiben, während sich dieser an der Mutterpflanze befindet. So wird der Ast weiterhin über die Wurzeln ernährt. Diese Vorgehensweise ist effektiver als die Stecklingsbewurzelung und liefert außerdem sogleich Ausgangsmaterial von einer gewissen Größe.

Auswählen

Wählen Sie einen interessant gewachsenen Ast, damit es sich lohnt, ihn zum Bonsai zu ziehen.

Abmoosen ohne Probleme

Sämtliche als Zimmerbonsai geeigneten Arten lassen sich leicht abmoosen, ebenso diverse als Freilandbonsai geeignete Arten (Ahorn, Apfel- und Aprikosenbaum, Echte Feige, Fingerstrauch, Feuerdorn, Stechpalme, Zwergmispel).

Einschneiden

Schneiden Sie die Rinde mit einem Cutter in 5 cm Abstand zweimal ringförmig ein. Ziehen Sie sie vorsichtig ab, sodass das grüne Kambium darunter freiliegt.

Wurzelbildung anregen

Tragen Sie Bewurzelungspulver auf das freiliegende Kambium auf, um die Wurzelbildung zu fördern.

Topfen

Legen Sie einen durchgesägten Plastiktopf oder einen handelsüblichen Abmoostopf zum Zusammenklippen auf Höhe der entrindeten Stelle um den Ast und füllen Sie ihn mit Substrat. Wir haben in diesem Fall eine Mischung aus 40 % Universalerde, 40 % Akadama und 20 % Kiryu verwendet. Da der Phloemsaft an dieser Stelle staut, reagiert das Kambium auf das feuchte und dunkle Umfeld ganz von selbst mit Wurzelbildung.

Angießen, verschließen, gedulden

Gießen Sie durchdringend. Verschließen Sie den Topf entweder mit dem zugehörigen Deckel oder indem Sie ihn mit Plastik umhüllen, sodass das Wurzelmedium feucht bleibt. Nun sind je nach Gehölzart drei bis sechs Monate Geduld gefragt, bis der Ast eigene Wurzeln gebildet hat. Öffnen Sie den Topf; ist das neu gebildete Wurzelwerk ausreichend dicht, können Sie den Ast durchtrennen und den zukünftigen Bonsai in einen größeren Topf setzen.

FINDLINGE

Manchmal entdeckt man in der Natur, im eigenen Garten oder auf einem brachliegenden Grundstück ein wunderschönes kleines Bäumchen. Ein aus einem solchen Findling gezogener Bonsai heißt auf Japanisch Yamadori.

Aufnehmen

Die beste Zeit für Naturentnahmen ist das zeitige Frühjahr, kurz bevor die Gehölze zu treiben beginnen. Nehmen Sie Ihren Findling mit so vielen Wurzeln wie möglich auf, und unterziehen Sie ihn einem teilweisen Blattschnitt, damit er leichter einwurzelt. Nehmen Sie außerdem Erde vom Fundort mit, um diese daheim unter das Substrat zu mischen, damit dem Findling die Umstellung leichter fällt.

Eintopfen

Topfen Sie den Findling so rasch wie möglich ein, damit der Ballen nicht austrocknet, und gießen Sie ihn gründlich an.

Gedulden

Während des ersten, auf die Entnahme folgenden Jahres darf das Gehölz in keiner Weise bearbeitet werden. Es braucht jetzt erst einmal Zeit, um gut einzuwurzeln und sich an die neue Umgebung zu gewöhnen. Daher gilt es zunächst, jeden neuen Stress zu vermeiden.

> **Grundsätzlich: Regeln beachten!**
> Eine Entnahme von Pflanzen in der freien Natur, insbesondere in besonders geschützten Gebieten ist nicht erlaubt. In den „normalen" Wäldern, die bewirtschaftet werden, ist dies auch verboten, es sei denn man holt sich beim Waldbesitzer die Erlaubnis. In diesen Wäldern gibt es manchmal sehr interessante durch Wildverbiss entstandene „Zwergbäume", die sich für die Bonsaigestaltung hervorragend eignen, für den Waldbesitzer aber wertlos sind.

Dieser Kiefer-Yamadori ist schon jetzt wunderschön.

DURCH VEREDLUNG GEWINNEN

Die – vor allem für Anfänger – nicht ganz triviale Veredlung hat zum Ziel, zwei Pflanzen miteinander zu vereinen: eine wüchsige, robuste Art, die als Unterlage verwendet wird, und eine besonders attraktive Art, von der das Pfropf- oder Edelreis stammt.

Beim Heranziehen von Bonsais wird auch auf Pfropftechniken zurückgegriffen. Man veredelt beispielsweise die langsam wachsende Mädchen-Kiefer gern auf die rascher wachsende Japanische Schwarz-Kiefer. Auch für ein Gehölz, das sich durch Steckhölzer nur schwierig vermehren lässt, eignet sich das Pfropfen. So sieht man etwa *Acer palmatum* 'Deshojo' häufig auf einen anderen Fächer-Ahorn veredelt.

Allerdings hat diese Methode auch ihre Nachteile: Nicht selten verbleibt an der Veredelungsstelle ein unschöner Rindenwulst und die aufgepfropfte Art oder Sorte kann in ihrem Erscheinungsbild leicht verändert sein. So zeigen sich etwa aufveredelte Mädchen-Kiefern mit bläulichen Nadeln, während Mädchen-Kiefern auf eigener Wurzel blassgrün benadelt sind.

Die Kopulation ist die für den Anfänger unkomplizierteste Veredelungstechnik, da das Edelreis bis zum Anwachsen auf eigenen Wurzeln steht. Die beiden Gehölze werden dazu Seite an Seite gezogen.

Rinde entfernen

Entfernen Sie an beiden Gehölzen einen Teil der Rinde, um das grüne Holz (das Kambium) darunter freizulegen.

Verbinden

Legen Sie beide Triebe mit dem freigelegten Kambium aneinander und umwickeln Sie sie so fest, dass sie sich nicht gegeneinander verschieben können. Treibt das Edelreis einige Monate später aus, können Sie es von seiner Wurzel trennen.

Chirurgische Korrektur

Diese Methode ermöglicht es auch, einem Bonsai einen zusätzlichen Ast zu verschaffen, um seine Konturen zu korrigieren und ihm eine ausgewogenere Form zu geben.

PFLEGEKALENDER

Hier finden Sie, nach Gehölzgruppen geordnet, alle Zeiten im Überblick,
die für die wichtigsten Arbeiten von Belang sind.

	Januar	Februar	März	April	Mai	Juni
Umtopfen			sommergrüne Gehölze			
Umtopfen				Koniferen		
Umtopfen					Tropengehölze	
Formschnitt		sommergrüne Gehölze				
Formschnitt	Koniferen					
Formschnitt			Tropengehölze			
Drahten	sommergrüne Gehölze					
Drahten	Koniferen					
Drahten	Tropengehölze					
Pflegeschnitt				sommergrüne Gehölze		
Pflegeschnitt					Koniferen	
Pflegeschnitt				Tropengehölze		
Entlauben					sommergrüne Gehölze	
Entlauben						
Entlauben					Tropengehölze	
Abmoosen				sommergrüne Gehölze		
Abmoosen						
Abmoosen				Tropengehölze		
Veredeln		sommergrüne Gehölze				
Veredeln		Koniferen				
Veredeln						Tropengehö
Düngen				sommergrüne Gehölze		
Düngen				Koniferen		
Düngen			Tropengehölze			

Das Umtopfen ist eine für Wachstum und Entwicklung des Gehölzes sehr wichtige Aufgabe bei der Bonsaipflege.

Der Pflegeschnitt ist unerlässlich, um die Attraktivität des Bonsais zu erhalten.

Juli	August	September	Oktober	November	Dezember
				sommergrüne Gehölze	
				Koniferen	
				sommergrüne Gehölze	
				Koniferen	
				Tropengehölze	
	Koniferen entnadeln				

ZIMMER-BONSAIS

Zimmerbonsais werden zum überwiegenden Teil aus Gehölzen der Tropen oder Subtropen gezogen; sie vertragen keinen Frost und kommen dementsprechend in Mitteleuropa nicht in der Natur vor. Daher rührt auch ihre Bezeichnung, denn die kalte Jahreszeit, wenn Frost droht, verbringen sie im Zimmer. Die übrigen Monate jedoch stehen auch sie gern im Freien. Sämtliche Zimmerbonsais sind immergrün. In diesem Kapitel stellen wir Ihnen die gängigsten Arten vor.

Japanischer Liguster
(*Ligustrum japonicum*).

BUCHS

Harland-Buchsbaum (*Buxus harlandii*), Kleinblättriger
Buchsbaum (*B. microphylla*) und Europäischer
Buchsbaum (*B. sempervirens*)

Langlebigkeit und immergrünes Laub:
Der Buchs steht für Unvergänglichkeit und
Durchhaltekraft.

Familie: Buxaceae.
Heimat: Asien und Mittelmeerraum.
Laub: Immergrün. Feste, dunkelgrüne Blätter.
Blüte: Kleine, weißgelbe Blüten im Mai–Juni.
Frucht: Ende September, ungenießbar.
Schwierigkeitsgrad: Einfach.

Ein Buchs von etwa
40 Jahren.

Arten

Der Harland-Buchs (*Buxus harlandii*)
besitzt eine wunderschöne, stark ge-
furchte Rinde und ist dabei so biegsam wie Efeu. Der Kleinblättrige
Buchsbaum (*B. microphylla*) und der
Europäische Buchsbaum (*B. sempervirens*) sind bei uns winterhart; von
diesen ist *B. microphylla* mit seinem
kleinformatigen Laub besonders gut
zum Bonsai geeignet.

Standort

Buchs steht gerne hell, doch sollten
Sie ihn zur heißesten Jahreszeit nicht
in die volle Sonne stellen. Von Frühjahr bis Herbst gefällt es ihm im
Freien. Danach kommt der Bonsai in
einen hellen, kühlen Raum.

Pflege

Gießen: Dank der recht festen Blätter
verträgt Buchs gelegentliche Trockenheit, doch wie alle Gehölze braucht er

Wasser. Gießen Sie reichlich,
sobald die Erde trocken ist.
Steht er im Winter kühl, lassen Sie
zwischen den Wassergaben mehr
Zeit verstreichen.
Düngen: Von April bis Juni und von
September bis Oktober 1 × im
Monat.
Umtopfen: Topfen Sie Buchs regelmäßig alle 2 Jahre im April–Mai um,
denn er produziert viel Wurzelmasse.
Eine Mischung aus 40 % Akadama,
40 % handelsüblicher Universalerde
und 20 % Splitt oder scharfem Sand
sagt ihm zu.
Schneiden: Da Buchs einen relativ
geringen Zuwachs hat, lässt er sich
schon mit wenigen Pflegeschnitten
in Form halten. Verzichten Sie auf
jeglichen Schnitt kurz vor der Blüte,
damit die Knospen erhalten bleiben.
Buchs bildet gern Wassertriebe, die
Sie entfernen sollten, sobald Sie sie
entdecken.

Krankheiten & Schädlinge

Der Hauptfeind dieser Pflanze ist der
Buchsbaumzünsler. Beobachten Sie
das Laub aufmerksam, um Raupen
sofort zu entdecken. Sammeln Sie sie
per Hand ab oder spritzen Sie das
Laub mit einem biologischen Bekämpfungsmittel (*Bacillus thuringien-
sis*). Bisweilen treten am Buchs auch
Blattläuse oder Spinnmilben auf.

Laub und Blüten von *Buxus harlandii*.

FICUS-ARTEN

Vorhang-Feige (*Ficus retusa*), *F. formosana*, *F. panda*,
F. natalensis u. a.

Diese *Ficus*-Arten sind die einfachsten Bonsais,
denn sie haben eine sehr hohe Toleranz bei
Wasser- und Lichtmangel. Frost allerdings vertragen sie in keiner Weise.

Familie: Moraceae.
Heimat: Tropen und Subtropen.
Laub: Immergrün. Feste, dunkelgrüne Blätter. Das Blatt von
F. retusa läuft in einer Spitze aus; die Blätter von *F. formosana* und *F. panda* sind rundlicher.
Frucht: Ungenießbare Feigen im Sommer.
Schwierigkeitsgrad: Sehr einfach.

Vorhang-Feige
(*Ficus retusa*) von
etwa 30 Jahren.

Arten

Zur Gattung *Ficus* zählen rund 750
verschiedene Arten. Sie sind auf allen
Kontinenten mit Ausnahme der Antarktis anzutreffen. Die winzigen
Früchte der diversen Feigenarten sind
– mit Ausnahme derjenigen der Echten Feige (*Ficus carica*) aus dem Mittelmeerraum – nicht genießbar. Der
indische Heilige Feigenbaum oder
Bobaum (*Ficus religiosa*) steht für den
Buddha, der jahrelang unter einem
solchen Baum meditierte, bis er dort
die Erleuchtung erlangte.

Standort

So gut ein *Ficus* auch an einem lichtarmen Standort ausharren mag – Licht
und Sonne liebt er dennoch. Stellen
Sie ihn drinnen maximal 1 m vom
Fenster entfernt auf und geben Sie
ihm von Mai bis Oktober einen halbschattigen Platz an der frischen Luft.

Pflege

Gießen: Zwar überstehen die verschiedenen *Ficus*-Arten kurze Trockenperioden, doch um zu wachsen
und gesund zu bleiben, müssen sie
ausreichend gegossen werden. Gießen Sie gründlich, sobald die Erde
hell wird und oberflächlich austrocknet. Um weiße Flecken auf den Blättern zu vermeiden, sollte das Laub
nicht mit kalkhaltigem Wasser überbraust werden.
Düngen: Im Frühjahr und Herbst 1 ×
im Monat. Auch während eines Sommertriebs kann gedüngt werden.
Umtopfen: Je nach Größe der Bonsaischale alle 2–3 Jahre im April, Mai
oder Juni. *Ficus* stellen keine großen
Ansprüche; vergisst man das Umtopfen, warten sie geduldig bis zum
nächsten Jahr. Topfen Sie ein Bäumchen aus dem Supermarkt oder Baumarkt so bald wie möglich um, da es

mit großer Wahrscheinlichkeit nicht
in geeignetem Substrat steht. Verwenden Sie eine Mischung aus 40 %
Akadama, 40 % Universalerde und
20 % Splitt oder scharfem Sand.
Schneiden: Der Sommer ist für alle
Ficus-Arten die Hauptwachstumszeit.
Die Wärme regt ihre Knospen zum
Austreiben an. Sobald die Triebe die
Konturen der Krone verwischen, ist
ein Pflegeschnitt angesagt.

Besondere Techniken

Entlauben: *Ficus* ist die Gattung, die
ein gelegentliches Entlauben am besten verträgt.
Drahten & Abspannen: Für diese Methode der Formgebung sind alle *Ficus*
gut geeignet. Das elastische Holz
lässt sich in kurvenreiche Formen
bringen. Dabei ist jedoch Vorsicht geboten, denn auf der Rinde hinterlässt
der Bonsaidraht schnell Abdrücke.

Etwa 50 Jahre alte Vorhang-Feige (*Ficus retusa*).

Ficus formosana.

Krankheiten & Schädlinge

Die trockene, warme Luft unserer Innenräume fördert das Auftreten von Schildläusen sowie (seltener) von Gallmilben und Blattläusen. Spülen Sie diese mit scharfem Wasserstrahl ab; bei starkem Befall greifen Sie zu einem passenden biologischen Schädlingsbekämpfungsmittel. Manchmal treten auch Thripse auf. Diese legen ihre Eier an die Blattspreiten und saugen Pflanzensaft. Zu erkennen ist dieser Befall an grauen oder roten Blattflecken, bisweilen treten auch kleine Blattgallen auf. Abhilfe schaffen biologische Schädlingsbekämpfungsmittel; benetzen Sie damit unbedingt auch die Blattunterseite.

Eingewöhnung

Wenn ein neu erworbener *Ficus* einige Blätter verliert, handelt es sich zumeist um eine ganz normale Reaktion auf den Standortwechsel. Schon während dieser Eingewöhnungsphase beginnt er neu auszutreiben – ein gutes Zeichen. Darüber hinaus werfen *Ficus* während des Neutriebs grundsätzlich einige gelbe Blätter ab, dabei handelt es sich um einen völlig normalen Erneuerungsprozess.

Blatt von *Ficus retusa*.

Blatt von *Ficus formosana*.

FUKIENTEE

Ehretia macrophylla und *E. microphylla* (syn. *Carmona retusa*)

Dieses Gehölz ist bei uns fast ausschließlich als Bonsai bekannt. Der Name Fukientee rührt von der Verwendung der Beeren in China als Teearoma her.

Familie: Boraginaceae.
Heimat: Tropen und Subtropen.
Laub: Immergrün. Kleine, feste, dreispitzige, leicht behaarte, dunkelgrüne Blätter.
Blüte: Mai–Juni.
Frucht: Schwarz reifende Früchte im Juli–August.
Schwierigkeitsgrad: Mittel.

12-jährige *Ehretia macrophylla.*

Standort

Der Fukientee ist licht- und wärmehungrig und verlangt nach hoher Luftfeuchtigkeit. Entsprechend schwierig lässt er sich in unseren Innenräumen gesund erhalten. Ein mit feuchtem Lava-Edelsplitt gefüllter Untersetzer sorgt für ein luftfeuchteres Mikroklima am Standort. Stellen Sie ihn im Winter kühl (maximal 16–17 °C) und hell auf. Setzen Sie ihn vor praller Sonne geschützt nach draußen, sobald es warm wird – ein halbschattiger Standort ist gut.

Pflege

Gießen: Im Sommer sowie während der Wachstumsphasen gründlich gießen, sobald die Erde oberflächlich austrocknet. Im Winter zwischen zwei Wassergaben mehr Zeit verstreichen lassen, jedoch ohne ihn Durst leiden zu lassen.

Düngen: Im Frühjahr und Herbst 1 × im Monat.

Umtopfen: Sollte Ihr Fukientee noch in normaler Erde stehen, wenn er zu Ihnen kommt, topfen Sie ihn sofort um; dies erhöht seine Überlebenschancen in Ihrer Wohnung erheblich. Alle 2–3 Jahre im April–Mai in eine Mischung aus 40 % Akadama, 40 % handelsüblicher Universalerde und 20 % Splitt oder scharfem Sand umtopfen.

Schneiden: Nehmen Sie Triebe bis kurz über einen Blattansatz zurück, sobald sie zu lang werden. Schneiden Sie möglichst nicht vor Mai–Juni, um die Blüte zu erhalten.

Krankheiten & Schädlinge

Der Fukientee wird gelegentlich von Schildläusen, Spinnmilben oder Blattläusen befallen. Blattläuse lassen sich mit scharfem Wasserstrahl abwaschen, sofern der Eingriff rechtzeitig erfolgt; haben sie sich festgesetzt, helfen biologische Bekämpfungsmittel. Bisweilen zeigt der Fukientee Symptome einer durch zu viel Kalk hervorgerufenen Chlorose; in diesem Fall helfen Eisengaben. Das Abwerfen einiger gelber Blätter zu Winterbeginn ist eine normale Reaktion auf die niedrigeren Temperaturen und die geringere Lichtmenge. Es handelt sich um alte Blätter, die bald durch neue ersetzt werden.

HIMMELSBLÜTE

Duranta repens (syn. *D. erecta*)

Im Handel findet man die Himmelsblüte nicht selten
als bereits 20-jährigen oder noch älteren Bonsai,
da Ausgangspflanzen häufig der Natur entnommen
werden.

Familie: Verbenaceae.
Heimat: Tropen Amerikas, Indonesien.
Laub: Immergrün. Hellgrüne bis gelbgrüne, zugespitzte, gesägte oder
ganzrandige Blätter.
Blüte: Juli–August. Blauviolette Blütentraube mit süßem Vanilleduft.
Blüten sind bei getopften Exemplaren sehr selten, sollten also nicht
zur Kaufentscheidung beitragen.
Frucht: Gelborange, giftig.
Schwierigkeitsgrad: Einfach.

25-jährige
Duranta.

Standort

Die Himmelsblüte liebt Licht und
Sonne. Stellen Sie sie nach draußen an
einen Sonnenplatz, sobald es warm
genug ist, und freuen Sie sich am nun
stattfindenden Farbwechsel der Blätter: bei starker Belichtung werden sie
violett. An sehr heißen Tagen volle
Sonne meiden. Für den Winter empfiehlt sich ein sehr heller, ausgesprochen kühler Standort. Zögern Sie im
Winter nicht, einige Stunden am Tag
ein Pflanzenlicht zum Einsatz zu bringen, um Lichtmangel vorzubeugen.

Pflege

Gießen: Sobald die Himmelsblüte
Durst verspürt, wird das Laub schlaff.
Dies ist ein eindeutiges Anzeichen,
dass Sie mit dem Gießen nachlässig
waren. Warten Sie nicht erst ab, bis Sie
ein solches Warnsignal sehen, sondern
gießen Sie reichlich, sobald die Erde
sich oberflächlich trocken anfühlt.

Düngen: Sobald der Bonsai im Früh-
jahr auszutreiben beginnt, sollten
Sie düngen und weiter 1 × im Monat
bis Juni; erneut von September bis
November.
Umtopfen: Alle 2–3 Jahre im April–
Mai. Verwenden Sie zum Umtopfen
eine Mischung aus 40 % Akadama,
40 % handelsüblicher Universal-
erde und 20 % Splitt oder scharfem
Sand.
Schneiden: Die raschwüchsige Him-
melsblüte lässt sich gut schneiden.
Nehmen Sie die Zweige im zeitigen
Frühjahr ordentlich zurück, um die
Konturen wieder herauszuarbeiten.
Blüten bilden sich am Neuaustrieb;
wollen Sie sich daran erfreuen, darf
während des Frühjahrs nur in Maßen
geschnitten werden.

Besondere Techniken

Entlauben: Maximal 1 × im Jahr, um
den Bonsai nicht zu entkräften. Ein

guter Zeitpunkt zum Entlauben ist
direkt nach dem Umtopfen.
Drahten: Ganzjährig möglich. Passen
Sie jedoch auf, dass keine Abdrücke
an den Zweigen zurückbleiben.

Krankheiten & Schädlinge

Die Mottenschildlaus ist die größte
Plage der *Duranta*. Steht der Bonsai
draußen, wo er regelmäßig nassgeregnet wird, treten diese Parasiten
letztlich den Rückzug an; drinnen jedoch ist der Griff zu einem biologischen Schädlingsbekämpfungsmittel
unumgänglich. Wiederholen Sie die
Anwendung, bis keine Gelege mehr
vorhanden sind. Eine Alternative sind
Gelbkarten, an denen die geflügelten
Schädlinge hängen bleiben. Gelegentlich kommt es auch zu einem
Befall mit Spinnmilben, Schild- oder
Blattläusen, und bisweilen tritt Echter Mehltau auf.

JUNISCHNEE

Serissa foetida, S. foetida 'Variegata'

Der Beiname „stinkend" (*foetida*) ist wohlverdient,
denn verletzte Zweige und Wurzeln setzen einen
widerlichen Geruch frei. Dabei handelt es sich um
einen Abwehrmechanismus gegen Fraßfeinde.

Familie: Rubiaceae.
Heimat: Indien, China, Japan.
Laub: Halbimmergrün. *Serissa foetida* trägt feines, dunkelgrünes
Laub. Bei *S. foetida* 'Variegata' ist das Laub grün-weiß
panaschiert.
Blüte: Im Juni kleine, weiße Blüten.
Frucht: Keine.
Schwierigkeitsgrad: Mittel.

10- bis 12-jähri-
ger Junischnee.

Standort

Der Junischnee verlangt im Winter
nach einem Platz unter Glas, denn er
verträgt leichten Frost nur bis maximal −4 °C. Er verbringt den Winter
idealerweise in einem frostfrei gehal-
tenen Wintergarten oder im Kalthaus, da er auf eine Phase der Vegetationsruhe angewiesen ist. Sobald
es warm wird, bringen Sie den Bonsai
ins Freie. Stellen Sie ihn im Frühjahr
sonnig, im Sommer halbschattig auf.

Pflege

Gießen: Im Frühjahr ist reichlicheres
Wässern gefordert als im Winter. Gießen Sie gründlich, sobald die Erde
oberflächlich trocken ist. Hüten Sie
sich jedoch vor einem Zuviel.
Düngen: Im Frühjahr und Herbst 1 ×
im Monat organischen Langzeitdünger geben.
Umtopfen: Alle 2–3 Jahre im April,

Mai oder Juni in eine gut wasserdurch-
lässige Mischung aus 50 % Akadama,
30 % handelsüblicher Universalerde
und 20 % Splitt oder scharfem Sand.
Schneiden: Problemlos während der
Wachstumsphase. Im Winter, wenn
das Laub etwas lichter ist, bietet sich
ein Erziehungsschnitt an. Schneiden
Sie möglichst nicht kurz vor der Blüte,
da am Neutrieb die Blütenknospen
stehen.

Besondere Techniken

Entlauben: Bei unansehnlichen Blättern
im Spätwinter kann entlaubt werden,
was einen kompletten Laubwechsel an-
regt. Zu dieser Maßnahme sollten Sie
jedoch auf keinen Fall öfter als 1 × im
Jahr greifen, da es den Bonsai schwächt.
Drahten: Ganzjährig möglich. Achten
Sie aber darauf, dass der Draht nicht
zu lange am Holz verbleibt, da er
sonst Spuren hinterlässt.

Krankheiten & Schädlinge

Spinnmilben, Blattläuse, Schildläuse
und Mottenschildläuse. Sollten sich
diese nicht absammeln lassen, verwenden Sie ein biologisches Schädlingsbekämpfungsmittel.

Nur keine Panik

Der Junischnee wirft regelmäßig
seine Blätter ab, besonders im
Herbst und Winter werden sie gelb
und fallen zu Boden. Er wirkt daher
nicht immer absolut taufrisch. Das
bedeutet jedoch nicht, dass er
kränkelt. Er stellt sich lediglich auf
die Veränderungen der Luftfeuchte
und der Lichtverhältnisse – den
Wechsel der Jahreszeiten – ein. Wie
alle halbimmergrünen Gewächse
ersetzt er im Frühjahr das alte Laub
durch frischen, grünen Neuaustrieb. Warten Sie also ab!

KIRSCHMYRTE

Plinia cauliflora, Syzygium cumini, Surinam-Kirschmyrte
(*Eugenia uniflora*) u. a.

Die abblätternde Rinde sorgt bei den Kirschmyrten –
besonders bei *Plinia cauliflora* – für wunderbare Farb-
effekte. Die drei genannten Arten gehörten früher alle
zur Gattung *Eugenia*.

17-jährige
Syzygium cumini.

Familie: Myrtaceae.
Heimat: Tropen und Subtropen.
Laub: Immergrün.
Blüte: Kleine, weiße Blüten im Juli–August.
Frucht: August–September/Oktober. *Eugenia uniflora* bringt rote,
durststillende Früchte hervor, *Plinia cauliflora* kleine, genießbare
Beeren. Die Früchte von *Syzygium cumini* sind aufgrund ihrer blut-
zuckersenkenden Wirkung von hohem medizinischem Interesse.
Schwierigkeitsgrad: Mittel.

Arten

Plinia cauliflora trägt längliches Laub,
das orangefarben austreibt und sich
dann zartgrün färbt. Bei *Syzygium cumini* sind die Blätter lang und groß,
bei der Surinam-Kirschmyrte (*Eugenia*

15 Jahre alte
Eugenia cauliflora.

uniflora) dagegen oval und kupfrig
grün, später dunkeln sie nach.

Standort

Kirschmyrten sind sehr licht- und
wärmebedürftig; zu heiße Sonne allerdings vertragen sie nicht. Stellen
Sie den Bonsai im Winter unter ein
Pflanzenlicht, um den Mangel an Ta-
geslicht zu kompensieren.

Pflege

Gießen: Kirschmyrten mögen
hohe Luftfeuchtigkeit. Zögern Sie nicht, sie an warmen Tagen gründlich zu
gießen, und stellen Sie sie
auf einen Untersetzer
mit feuchtem Lava-Edel-
splitt oder Blähton.
Düngen: Im Frühjahr und im
Herbst 1 × im Monat phosphor- und
kaliumbetont düngen.

Umtopfen: Alle 2–3 Jahre im April–
Mai. Verwenden Sie eine Mischung
aus 40 % Akadama, 40 % handelsüblicher Universalerde und 20 % Splitt
oder scharfem Sand.
Schneiden: In der Wachstumsphase
erfolgt der Erhaltungsschnitt. Schneiden Sie Triebe im zeitigen Frühjahr
bis kurz über einem Blattansatz zurück.

Besondere Techniken

Drahten: Kirschmyrten können das
ganze Jahr eingedrahtet werden, belassen Sie den Draht jedoch höchstens 3 Monate am Baum.

Krankheiten & Schädlinge

Schildläuse, Blattläuse, Spinnmilben,
Mottenschildläuse. Infektionen sind
selten.

LIGUSTER

Japanischer Liguster (*Ligustrum japonicum*), Chinesischer Liguster (*L. sinense*), *L. variegatum*

Die biegsamen Zweige dieser Sträucher wurden – wie auch beim verwandten, bei uns als Heckenstrauch verbreiteten Gewöhnlichen Liguster (*Ligustrum vulgare*) – einst in der Korbflechterei verwendet.

Familie: Oleaceae.
Heimat: Asien.
Laub: Halbimmergrün.
Blüte: Der Chinesische Liguster bringt im Juni–Juli willig kleine, weiße Blüten hervor, der Japanische Liguster hingegen blüht selten.
Frucht: Selten. Schwarze Beeren im September.
Schwierigkeitsgrad: Einfach.

25-jähriger Japanischer Liguster.

Standort

Für den Winter ist ein frostfrei gehaltener Wintergarten ideal. Diese Liguster verlangen nach sehr kühler, aber frostfreier Überwinterung. Stellen Sie den Bonsai ab Frühjahrsbeginn nach einer Gewöhnungsphase sonnig auf. Sobald es heiß wird, ist jedoch Halbschatten angesagt.

11-jähriger Chinesischer Liguster.

Pflege

Gießen: Das Ligusterblatt ist relativ dünn, entsprechend empfindlich reagieren diese Gehölze auf Austrocknen. Gießen Sie in Wachstumsphasen häufig und sehr reichlich. Reduzieren Sie die Wassergaben im Winter, aber überprüfen Sie regelmäßig die Erdoberfläche, um rechtzeitig gießen zu können.
Düngen: Im Frühjahr und im Herbst 1 × im Monat, idealerweise mit Langzeitdünger.
Umtopfen: Alle 2–3 Jahre im April, Mai oder Juni in eine Mischung aus 40 % Akadama, 40 % handelsüblicher Universalerde und 20 % Splitt oder scharfem Sand.
Schneiden: Während der Wachstumsphase können Sie den Bonsai mehrmals schneiden, um die Konturen in Form zu halten. Liguster sind ausgesprochen wüchsig. Im Winter kann

dieser Bonsai einen Großteil seines Laubes abwerfen, besonders dann, wenn er recht kühl steht. Lassen Sie sich davon nicht irritieren – dieses Verhalten ist völlig normal, das Gehölz begibt sich in Ruhe. Nutzen Sie die Gelegenheit für einen Formschnitt.

Besondere Techniken

Drahten: Der biegsame Liguster eignet sich hervorragend zum Drahten. Belassen Sie den Draht allerdings nicht zu lange am Ast, um keine Abdrücke zu erzeugen.

Krankheiten & Schädlinge

Im Freien gehaltene Liguster sind weniger anfällig für Infektionen und Parasiten. Dennoch treten bisweilen Schildläuse auf. Diese lassen sich problemlos absammeln. Bei Wärme und hoher Luftfeuchte kann es zu einem Befall mit Echtem Mehltau kommen. Gehen Sie dagegen mit giftfreien Mitteln vor.

BRAUT-MYRTE

Myrtus communis

Die Braut-Myrte ist ein Friedenssymbol und wird gern als weißer Blumenschmuck bei Hochzeitszeremonien eingesetzt. Darüber hinaus hat sie medizinischen Nutzen.

Familie: Myrtaceae.
Heimat: Mittelmeerraum und Kleinasien.
Laub: Immergrün. Kleines, dunkelgrünes Blatt.
Blüte: Mai–Juli. Weiße, dezent duftende Blüten mit zahlreichen Staubblättern.
Frucht: Im September violette, schwarz ausreifende Früchte.
Schwierigkeitsgrad: Einfach.

10- bis 12-jährige Braut-Myrte.

Standort

Die Braut-Myrte verträgt kühle Temperaturen, aber keinen Frost. Ein heller, minimal geheizter Wintergarten ist für sie zum Überwintern ideal. Stellen Sie sie halbschattig im Freien auf, sobald es draußen warm genug ist.

Pflege

Gießen: Sobald die Erde oberflächlich trocken ist, sollten Sie reichlich gießen; im Winter jedoch in größeren Abständen. Leeren Sie nach jeder Wassergabe den Untersetzer.
Düngen: Ab dem zeitigen Frühjahr bis Juni 1 × im Monat stickstoffbetont düngen; im Herbst phosphorbetont.
Umtopfen: Je nach Größe der Bonsaischale alle 2–3 Jahre im April–Mai. Je kleiner die Schale, desto öfter wird umgetopft. Verwenden Sie eine Mischung aus 40 % Akadama, 40 % handelsüblicher Universalerde und 20 % Splitt oder scharfem Sand.
Schneiden: Kräftiger Formschnitt im zeitigen Frühjahr, danach in regelmäßigen Abständen während der gesamten Wachstumsphase. Setzen Sie den Schnitt grundsätzlich kurz über einem Blattansatz an.

Besondere Techniken

Drahten: Die Braut-Myrte kann das ganze Jahr gedrahtet werden (nur reifes Holz), belassen Sie jedoch den Draht nicht zu lange an der Pflanze, damit keine Abdrücke bleiben.

Krankheiten & Schädlinge

Dieses Gehölz wird eher selten von Schädlingen oder Infektionen heimgesucht. Manchmal kommt es zu einem Befall mit Schild- oder Blattläusen und in der Folge mit Schwärzepilzen. Abhilfe schafft ein biologisches Schädlingsbekämpfungsmittel.

Blüte der Braut-Myrte.

Frucht der Braut-Myrte.

JASMIN-ORANGENRAUTE

Murraya paniculata

Die helle Rinde und das elegant gefiederte Laub dieser *Murraya* sind ausgesprochen attraktiv. Dem Duft ihrer Blüten nach Jasmin verdankt die Art ihren Beinamen.

Familie: Rutaceae.
Heimat: Ostasiatische Tropen, Antillen, La Réunion.
Laub: Immergrün. Zartgrüne, unpaarig gefiederte Blätter mit 9 Fiederblättchen.
Blüte: Mai–Juli. Weiße, nach Jasmin duftende Blüten.
Frucht: Juli–August. Orangerote Beeren.
Schwierigkeitsgrad: Mittel.

Etwa 20-jährige *Murraya paniculata* mit Früchten.

Standort

Die Jasmin-Orangenraute ist ein pflegeleichtes Gehölz, dessen Lichtbedarf man jedoch nicht ignorieren darf – besonders im Winter, wenn es drinnen steht. Bringen Sie den Bonsai ins Haus, sobald die Nachttemperaturen unter 12 °C absinken, damit er keinen Kälteschaden erleidet. Im Sommer mag es die Jasmin-Orangenraute warm, sie verträgt allerdings keine volle Sonne.

Pflege

Gießen: Hohe Luftfeuchte im Kronenbereich, wie im heimatlichen tropischen Klima, bekommt ihr besonders gut. Gießen Sie reichlich, sobald die Erde oberflächlich trocken ist. Sie können auch das Laub überbrausen, doch verwenden Sie dafür kein kalkhaltiges Wasser, denn dieses hinterlässt helle Flecken auf dem Laub.

Düngen: Im Frühjahr und im Herbst 1 × im Monat mit Langzeitdünger.
Umtopfen: Alle 2 Jahre im April, Mai oder Juni in eine Mischung aus 30 % Akadama, 50 % handelsüblicher Universalerde und 20 % Splitt oder scharfem Sand umtopfen.
Schneiden: Denken Sie beim Rückschnitt daran, dass die Blätter der Orangenraute gefiedert sind: Schneiden Sie nicht das Blatt durch, sondern kürzen Sie den Zweig, an dem dieses steht. Ein kräftiger Rückschnitt im zeitigen Frühjahr lässt die neu gebildeten Blätter kleiner ausfallen. Während der Wachstumsphase folgen leichte Pflegeschnitte.

Besondere Techniken

Drahten: Eindrahten ist ganzjährig möglich, doch sollten Sie den Draht während der Wachstumsphase nicht zu lange am Gehölz belassen.

Krankheiten & Schädlinge

Schildläuse, Blattläuse, Spinnmilben, Mottenschildläuse.

Blüte der *Murraya paniculata*.

JAPANISCHER PFEFFER

Zanthoxylum piperitum

In der Natur wächst dieses Gehölz locker auseinander-fallend und erreicht bis zu 5 m Höhe, wobei die Zweige der wilden Art mit Dornen bewehrt sind. Eine gesunde Pflanze hat glänzendes Laub. Von *Zanthoxylum piperitum* stammt der in der Küche genutzte Szechuanpfeffer.

Familie: Rutaceae.
Heimat: Subtropen.
Laub: Immergrün. Dunkelgrüne, gefiederte Blätter, die duften, wenn man an ihnen reibt.
Blüte: Der Japanische Pfeffer ist zweihäusig: Männliche und weibliche Blüten stehen auf verschiedenen Pflanzen. Die winzigen weiblichen Blüten sind grünlich, die kleinen männlichen Blüten gelb.
Frucht: Kleine, rötliche Balgfrüchte mit schwarzen Samen. Die getrockneten Fruchtschalen setzen beim Zermahlen Zitronenduft frei und wirken im Mund prickelnd-betäubend.
Schwierigkeitsgrad: Einfach.

25-jähriger Japanischer Pfeffer.

Standort

Der Japanische Pfeffer (auch Szechuanpfeffer genannt) benötigt reichlich Licht. Stellen Sie ihn im Winter in einem kühlen Zimmer so nah wie möglich ans Fenster. Sobald es draußen warm wird, kann er im Schatten oder Halbschatten im Freien stehen. Gewöhnen Sie ihn bereits im Spätwinter schrittweise ans Sonnenlicht. Der Bonsai ist empfindlich, was direkte Sonne betrifft – sie kann sein Laub verbrennen.

Pflege

Gießen: Der Japanische Pfeffer verspürt schnell Durst. Sobald er an Wassermangel leidet, wird sein Laub weich, blass und glanzlos. Warten Sie nicht, bis Sie diese Zeichen sehen, gießen Sie stattdessen reichlich, sobald die Erde oberflächlich trocken ist.

Düngen: Im Frühjahr und im Herbst 1 × im Monat.
Umtopfen: Alle 2–3 Jahre im April–Mai. Eine Mischung aus 40 % Akadama, 40 % handelsüblicher Universalerde und 20 % Splitt oder scharfem Sand sagt der Pflanze zu.
Schneiden: Sobald die Triebe während einer Wachstumsphase die Konturen der Krone verwischen, ist ein Pflegeschnitt angesagt.

Besondere Techniken

Drahten: Der Japanische Pfeffer lässt sich gut drahten. Nehmen Sie diese Maßnahme etwa im November vor und entfernen Sie den Draht bereits im ausgehenden Winter, damit der Bonsai keinen Schaden nimmt und die Rinde ohne Abdrücke bleibt.

Krankheiten & Schädlinge

An *Zanthoxylum* können Spinnmilben, Mottenschildläuse, Schild- und Blattläuse auftreten. Befreien Sie das Laub mit scharfem Wasserstrahl von den Schädlingen. Bei starkem Befall schafft ein geeignetes biologisches Schädlingsbekämpfungsmittel Abhilfe; wiederholen Sie die Behandlung nach 14 Tagen. Bisweilen können auch Pilzinfektionen und Echter Mehltau auftreten.

Blatt und Blüte der männlichen Pflanze.

SAGERETIE

Sageretia thea

In China werden die Blätter dieses Strauchs manchmal als Tee-Ersatz genutzt, weshalb die Pflanze auch als Falscher Tee kursiert. An älteren Exemplaren löst sich auf attraktive Weise die dunkle, raue Rinde. Die Zweige können Dornen tragen.

Familie: Rhamnaceae.
Heimat: Zentral- und Südasien, Nordamerika, Java.
Laub: Halbimmergrün. Zarte, kleine, ovale Blätter, orange-farbener Neuaustrieb.
Blüte: Im April–Mai winzige weiß-grüne Blüten.
Frucht: Selten. Dunkelrote bis schwarze Beeren im August–September.
Schwierigkeitsgrad: Mittel.

10-jährige
Sageretia thea.

Standort

Gewöhnen Sie die Sageretie nach dem Ausräumen im Frühjahr schrittweise an die Sonne; im Sommer ist ein halbschattiger Standort angeraten. Geben Sie ihr in der kalten Jahreszeit (ab Mitte September) einen Platz in einem sehr hellen, kühlen Raum.

Pflege

Gießen: Anders als beispielsweise *Ficus*-Arten mit festerem Laub ist *Sageretia thea* sehr auf Sie angewiesen. Haben Sie ein Auge auf die Erde: Gießen Sie, sobald diese oberflächlich trocken ist, und im Sommer reichlicher als im Winter.
Düngen: Düngen Sie den Bonsai im Frühjahr und im Herbst 1 × im Monat, vorzugsweise mit organischem Dünger.

Umtopfen: Topfen Sie alle 2–3 Jahre im April, Mai oder Juni unter Verwendung einer Mischung aus 40 % Akadama, 40 % handelsüblicher Universalerde und 20 % Splitt oder scharfem Sand um.
Schneiden: Pflegeschnitt während der Wachstumsphase. Setzen Sie den Schnitt kurz oberhalb eines Blattansatzes an. Lassen Sie dabei ein oder zwei neue Blätter stehen, um das Dickenwachstum von Stamm und Ästen zu fördern.

Besondere Techniken

Entlauben: Bei extremem Befall mit Mottenschildläusen kann entlaubt werden. Beschränken Sie diesen Eingriff jedoch auf maximal 1 × im Jahr, um den Bonsai nicht zu entkräften.
Drahten: Ganzjährig möglich. Drahten Sie nur reifes Holz und achten Sie während der Wachstumsphase gut

darauf, dass die Rinde keinen Schaden nimmt.

Krankheiten & Schädlinge

Die sehr hellen Blätter der Sageretie sind für Mottenschildläuse attraktiv. Vertreiben Sie die Schädlinge mit einem scharfen Wasserstrahl. Weitere mögliche Parasiten sind Blattläuse, Spinnmilben und bisweilen Schildläuse. Sollte Ihre Sageretie Anzeichen einer Chlorose zeigen, geben Sie ihr Eisendünger und stellen Sie sie heller auf. Echter Mehltau kann ebenfalls auftreten, besonders bei warmer, luftfeuchter Witterung im Frühsommer. Geben Sie dem Bonsai in diesem Fall einen gut belüfteten Platz und behandeln Sie ihn mit einem giftfreien Mittel.

GEWÖHNLICHE TEMPEL-STEINEIBE

Podocarpus macrophyllus

Obwohl die Gewöhnliche Tempel-Steineibe eine Konifere ist, verträgt sie Frost nur in Maßen (bis −2 °C). Sie ist häufig in buddhistischen Tempel-gärten anzutreffen – daher der Name.

Familie: Podocarpaceae.
Heimat: Tropen und Subtropen.
Laub: Immergrün. Dunkelgrüne Nadelblätter, die dicht an den Zweigen sitzen.
Blüte: Frühjahr. Die Pflanze ist zweihäusig: Männliche und weibliche Blüten stehen auf verschiedenen Pflanzen. Die weiblichen Blüten sind grün und zapfenförmig.
Frucht: Im Herbst Samen in einer roten, fleischigen Hülle.
Schwierigkeitsgrad: Sehr einfach.

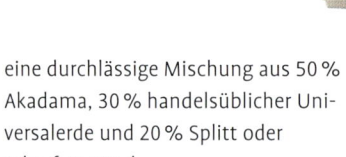

25-jährige
Tempel-Steineibe.

Standort

Die Tempel-Steineibe braucht eine winterliche Ruheperiode an einem hellen, kühlen Ort. Sobald es Frühling wird, kommt sie nach draußen, wo man sie allmählich an das Sonnenlicht gewöhnt.

Pflege

Gießen: Die Tempel-Steineibe toleriert kurzzeitige Trockenheit gut; zugleich mag sie es, wenn sie reichlich gewässert wird, besonders bei sommerlicher Hitze. Im Winter seltener gießen. Überbrausen Sie das Laub nach Möglichkeit nicht mit kalkhaltigem Wasser, da dieses Flecken hinterlässt.
Düngen: Im Frühjahr und im Herbst 1 × im Monat mit organischem Langzeitdünger.
Umtopfen: Junge Bonsais alle 2 Jahre, ältere alle 3 Jahre im April–Mai. Verwenden Sie zum Umtopfen

eine durchlässige Mischung aus 50 % Akadama, 30 % handelsüblicher Universalerde und 20 % Splitt oder scharfem Sand.
Schneiden: Aufgrund des langsamen Zuwachses genügen 1–2 Pflegeschnitte pro Jahr. Setzen Sie die Schere grundsätzlich kurz oberhalb eines Blattansatzes an. Im zeitigen Frühjahr können die Triebspitzen pinziert werden.

Besondere Techniken

Drahten: Um eine schöne Form zu erreichen, muss *Podocarpus* meistens gedrahtet werden, was aber problemlos möglich ist.

Krankheiten & Schädlinge

Schildläuse, Spinnmilben und Blattläuse. Hier schafft ein biologisches Schädlingsbekämpfungsmittel Abhilfe.

Laub der Tempel-Steineibe.

STRAUCHPORTULAK

Portulacaria afra

Dieses Gehölz, das zu den Sukkulenten zählt, kann in seinen Blättern viel Wasser speichern, was es besonders unempfindlich gegen vorübergehende Trockenheit macht.

Familie: Portulacaceae.
Heimat: Afrika.
Laub: Immergrün. Dickes, rundes, wasserhaltiges Blatt.
Blüte: Kleine, rosafarbene Blüten im September–Oktober (selten bei Topfpflanzen).
Frucht: Keine.
Schwierigkeitsgrad: Einfach.

10- bis 12-jähriger Strauchportulak.

Standort

Der Strauchportulak mag es hell und warm. Von April bis Oktober gefällt es ihm im Freien – im Sommer halbschattig, die übrige Zeit sonnig aufgestellt. Vor Frost und Kälte sollte er geschützt werden, der Überwinterungsraum sollte aber nicht zu warm sein: Eine Überwinterung bei 13–16 °C ist ideal für die nötige Vegetationsruhe.

Pflege

Gießen: Der Strauchportulak zählt zu den Arten, die zu spärliches Gießen am ehesten vertragen. Viel schlimmer als Wassermangel ist für ihn ein Übermaß an Wasser. Lassen Sie im Winter zwischen einzelnen Wassergaben reichlich Zeit verstreichen. Erst wenn die Erde oberflächlich gut trocken ist, wird gründlich gegossen. Im Sommer darf gern häufiger gewässert werden (bei heißem Wetter ist ein Übergießen kaum eine Gefahr).

Düngen: Von April bis Juni und im September–Oktober 1 × im Monat Langzeitdünger geben.

Umtopfen: Ein neu erworbener Bonsai in minderwertigem Substrat sollte normalerweise sofort umgetopft werden, der Strauchportulak allerdings toleriert Umtopfen zur Unzeit eher schlecht. Bei ihm sollten Sie den idealen Zeitraum (April–Juni) abwarten.

Schneiden: Erhaltungsschnitt während der Wachstumsperiode, um die Form zu bewahren. Dank des nur langsamen Zuwachses genügen wenige Schnittmaßnahmen. Im Winter nicht schneiden!

Besondere Techniken

Entlauben: Bei zu großem oder unansehnlichem Laub kann entlaubt werden, aber nur während einer Phase kräftigen Wachstums bei warmen Temperaturen, damit der Bonsai rasch wieder austreibt.

Drahten: Der Strauchportulak lässt sich nur schlecht drahten – verholzte Zweige sind ausgesprochen spröde und wenig biegsam. Außerdem hinterlässt Draht schnell Abdrücke auf der Rinde.

Krankheiten & Schädlinge

Abgesehen von gelegentlichem Befall mit Schildläusen treten Infektionen und Parasiten eher selten auf.

Laub des Strauchportulaks.

FREILAND-
BONSAIS

Freilandbonsais sind mehr oder weniger winterharte Gehölze, die das ganze Jahr im Freien verbringen; nur die frostempfindlicheren überwintern im Kalthaus. Unter den Freiland-bonsais finden sich sommer-, winter- und immergrüne Laubgehölze sowie sommer- und immergrüne Koniferen. In diesem Kapitel stellen wir Ihnen die gängigsten Arten vor.

Mädchen-Kiefer
(*Pinus parviflora*).

DREIZÄHNIGER AHORN

Acer buergerianum (syn. A. trifidum)

Dieser Ahorn ist nach dem deutschen Naturforscher Heinrich Bürger benannt, einem Mitarbeiter Siebolds in Japan. Die Art wurde 1865 gültig beschrieben. Der Beiname „dreizähnig" bezieht sich auf die Blattform.

Familie: Sapindaceae.
Heimat: Japan.
Laub: Sommergrün. Kleinformatiges, grünes, dreilappiges Laub. Schönes herbstliches Farbenspiel von Gelborange bis Weinrot.
Blüte: April, blassgrün, in Büscheln, nach dem Laubaustrieb.
Frucht: Flügelnuss im September–Oktober.
Schwierigkeitsgrad: Einfach.

10-jähriger Dreizähniger Ahorn.

Standort

Der Dreizähnige Ahorn verträgt Hitze besser als der Fächer-Ahorn (*Acer palmatum*). Dennoch sollte er bei sehr heißer Witterung geschützt im Schatten stehen. Sorgen Sie für durchgehend hohe Luftfeuchtigkeit. Überwintern sollte der Bonsai in einem hellen, ungeheizten Raum. Nur bei durchgehend hellem Standort während der Vegetationsperiode können sich die herrlichen Herbstfarben entwickeln.

Pflege

Gießen: Im Sommer muss reichlich gegossen werden: Selbst an Regentagen ist mindestens 1 × täglich eine Wassermenge nötig, die größer ist als der Inhalt des Pflanzgefäßes. Laub überbrausen. Im Winter dann gießen, wenn die Erde trocken ist.
Düngen: 2 × im Jahr: im Frühjahr und im Herbst.

Umtopfen: Alle 2–3 Jahre in ein größeres Gefäß als das vorherige. Das Substrat sollte mindestens 70 % Akadama enthalten, aufgefüllt mit Kiryu oder Splitt.
Schneiden: Der starkwüchsige Baum muss von März bis August wiederholt geschnitten werden. Nehmen Sie Neutriebe auf etwa ein Drittel ihrer Länge zurück, sobald sie 2–4 Blattpaare aufweisen. Im Winter können Sie einen Formschnitt in Angriff nehmen, bei dem Sie unansehnliche Äste entfernen, doch schneiden Sie nicht zu stark zurück.

Besondere Techniken

Drahten: Dieser Baum wird durch Schnitt geformt, weshalb man nur höchst selten zum Bonsaidraht greift.

Krankheiten & Schädlinge

Sowohl Infektionen als auch Parasiten treten nur selten auf.

Regennasses Herbstlaub.

FÄCHER-AHORN

Acer palmatum

Das formenreiche Laub in unterschiedlichen Farben je nach Sorte und Jahreszeit macht den Fächer-Ahorn so beliebt.

Familie: Sapindaceae.
Laub: Sommergrün. Grün- oder rotlaubige Sorten.
Blüte: Mai–Juni, rot, in Büscheln.
Frucht: Flügelnuss im September–Oktober.
Schwierigkeitsgrad: Mittel.

Herrlicher, rund 30-jähriger Fächer-Ahorn im Frühling.

Sorten

Diese Art umfasst rund 300 Sorten, von denen 'Deshojo', 'Shishigashira', 'Seigen' und 'Kiyohime' am häufigsten verwendet werden.

Standort

Geben Sie Ihrem Fächer-Ahorn einen halbschattigen Platz. Im Frühjahr verträgt er mehr Sonne, doch achten Sie darauf, dass der Wurzelbereich ausreichend feucht gehalten wird. Stellen Sie den Bonsai im Sommer schattig auf, damit die Sonne das Laub nicht versengt; dies gilt ganz besonders für helllaubige Sorten. Auch sehr warmer Wind stellt eine Gefährdung dar. Mit nachlassenden Temperaturen ist erneut ein sonniger Stand nötig, damit sich der Baum im Herbst mit seinen schönen Farben schmücken kann. Schützen Sie Ihren Bonsai vor Temperaturen unter −5 °C.

Pflege

Gießen: Im Sommer sollten Sie reichlich gießen und dabei auch das Laub überbrausen, sofern der Ahorn nicht in voller Sonne steht. Lassen Sie den Wurzelballen zwischen zwei Wassergaben ein wenig abtrocknen. Im Winter gießen, sobald die Erde trocken ist.
Düngen: 2 × im Jahr, im Frühjahr sowie im Herbst vor dem Laubfall.
Umtopfen: Alle 2–3 Jahre in ein Substrat mit gutem Wasserspeichervermögen. Mischen Sie dazu etwas Splitt und handelsübliche Universalerde unter Akadama.
Schneiden: Im Frühjahr den Neuaustrieb auf 2 Blattpaare pinzieren oder zurückschneiden. Im Winter den kahlen Baum von unansehnlichen Ästen befreien, jedoch nicht zu drastisch zurückschneiden. Setzen Sie Ihren Schnitt immer oberhalb eines Knotens an, wo im Frühjahr ein Neuaustrieb zu erwarten ist.

Besondere Techniken

Entlauben: Ein gesunder Baum kann im Juni entlaubt werden.
Drahten & Abspannen: Schützen Sie beim Drahten die empfindliche Rinde; bei starken Ästen ist Abspannen die besser geeignete Methode. Beobachten Sie gedrahtete Äste und Zweige aufmerksam, denn auch geringfügig eingewachsener Draht führt zu jahrelang sichtbarer Kallusbildung.

Krankheiten & Schädlinge

Sowohl Schild- als auch Blattläuse können auftreten. Bei Wärme und hoher Luftfeuchte ist ein Befall mit Echtem Mehltau möglich. Seltener kommt es zur *Verticillium*-Welke, für die es keine Heilung gibt: Infizierte Pflanzenteile müssen abgeschnitten und vernichtet werden.

8- bis 10-jährige Fächer-Ahorne als Waldpflanzung (Yose-ue); junges Blatt in Nahansicht.

15-jähriger *Acer palmatum* 'Shishigashira'; diese Sorte zählt zu den kleinlaubigsten Auslesen.

10- bis 11-jähriger *A. palmatum* 'Deshojo'.

20-jähriger *A. palmatum* 'Kashima'.

APFEL

Malus baccata, M. halliana, M. sieboldii

Von den *Malus*-Arten tragen viele im Frühjahr schöne Blüten und im Herbst hübsche Äpfelchen, sodass sie als Bonsai sehr geschätzt sind. Es gibt sie in zahlreichen Sorten.

Familie: Rosaceae.
Heimat: Japan und China.
Laub: Sommergrün. Schöne Herbstfärbung.
Blüte: April–Mai, zartrosa-weiß.
Frucht: Im Herbst gelbe bis kräftig rote, genießbare, aber fade Äpfelchen.
Schwierigkeitsgrad: Einfach.

Rund 30-jähriger Zierapfel.

Standort

Ganzjährig im Freien. Sehr hell, vor allem im Frühjahr, damit die Neutriebe möglichst gedrungen wachsen. Stellen Sie den Apfel-Bonsai im Sommer möglichst halbschattig auf, damit das Laub nicht austrocknet. Gut frostverträglich, doch bei Temperaturen unter −5 °C ist Schutz nötig.

Pflege

Gießen: Ein Apfel-Bonsai benötigt viel Wasser, um seine Früchte zu halten; gießen Sie im Sommer großzügig und lassen Sie die Erde nicht zu sehr austrocknen. Gießen Sie im Winter, wenn die Erde oberflächlich trocken ist.
Düngen: 4 × im Jahr: 2 × im Frühjahr und 2 × im Herbst.
Umtopfen: Alle 2 Jahre im Frühjahr in eine Mischung aus 60 % Akadama, 30 % handelsüblicher Universalerde und 10 % Splitt.

Schneiden: Kürzen Sie die Zweige nach der Blüte auf zwei Augen zurück. Ein korrekt gedüngter Apfelbaum ist sehr wüchsig, Sie werden ihn daher mehrmals während der Saison schneiden müssen. Damit der Bonsai auch im Folgejahr reichlich Blütenknospen ansetzen kann, kann es notwendig sein, über die Saison hinweg den Fruchtansatz auszudünnen. Ein geschwächter oder nur mäßig gegossener/gedüngter Baum muss eventuell bis zum Spätherbst vollständig von seinen Früchten befreit werden. Unterlassen Sie möglichst das Schneiden im Winter, um die Blütenknospen zu erhalten. Eine Ausnahme wird gemacht, wenn ein Erziehungsschnitt nötig ist.

Besondere Techniken

Drahten: Der Erziehungsschnitt allein bringt schon gute Resultate, doch Drahten ist in der Winterzeit ebenfalls möglich.

Krankheiten & Schädlinge

Schildläuse, Blattläuse, Spinnmilben; Echter Mehltau und Feuerbrand.

Blüte von *Malus baccata*.

JAPANISCHE APRIKOSE

Prunus mume

Dieser in Japan sehr beliebte Baum steckt voller Symbolkraft; unter anderem steht er für die Reinheit. Er blüht bereits vor Winterende und gilt daher als Frühlingsbote.

Familie: Rosaceae.
Heimat: China, Korea.
Laub: Sommergrün.
Blüte: Ende Januar bis April, je nach Sorte weiß oder rosa, einfach oder gefüllt, duftend.
Frucht: Juni, rund, gelbgrün, bitter, aber genießbar. In Asien wird daraus Saft gepresst.
Schwierigkeitsgrad: Mittel.

18-jährige Japanische Aprikose zur Blütezeit im Spätwinter.

Standort

Vollsonnig, besonders im Frühjahr. Sobald sich die Knospen öffnen und das Längenwachstum der jungen Triebe einsetzt, ist reichlich Licht unerlässlich. Rücken Sie den Bonsai bei großer Hitze in den Schatten. Das Gehölz selbst ist gut winterhart, seine Blüten aber sind sehr frostempfind-

Japanische Aprikose im Frühjahr.

lich. Stellen Sie es daher in einen hellen, frostfreien Raum. Schützen Sie die Blüten bei Aufstellung im Freien vor allzu starkem Regen.

Pflege

Gießen: Im Winter zurückhaltend gießen. Im Frühjahr, wenn die Knospen schwellen, die Erde zwischen zwei Wassergaben abtrocknen lassen. Im Sommer reichlich gießen, vor allem bei großer Hitze, und nach Möglichkeit für hohe Luftfeuchte sorgen.
Düngen: Nach der Blüte organischen Dünger geben; im September erneut düngen.
Umtopfen: Alle 2 Jahre im Frühjahr nach der Blüte. Sie können in reines Akadama topfen; eine Beimengung von Splitt erhöht die Wasserdurchlässigkeit.
Schneiden: Direkt nach dem Umtopfen ist der richtige Zeitpunkt für einen Formschnitt. Kürzen Sie Neut-

riebe nach der Blüte: Warten Sie das Längenwachstum ab und schneiden Sie dann oberhalb des zweiten oder dritten Blatts, je nachdem, wie lang der Trieb ist. Der erneute Austrieb ist generell weniger wüchsig und muss daher nicht geschnitten werden. Die Japanische Aprikose verträgt einen drastischen Rückschnitt nur schlecht, innen liegende Knospen treiben nur zögerlich aus.

Besondere Techniken

Drahten: Vom Spätfrühling bis zum Herbst. Schützen Sie den Ast mit Raffia.
Entlauben: Teilweises Entlauben ist während des Rückschnitts möglich, wenn übergroßes Laub verhindert, dass Licht ins Kroneninnere gelangt.

Krankheiten & Schädlinge

Bisweilen treten Schildläuse auf; eine weitere Gefahr ist Feuerbrand.

SATSUKI-AZALEE

Rhododendron indicum

Die Azalee heißt auf Japanisch *satsuki*.
Wörtlich bedeutet dies „fünfter Monat", denn
in diesem Monat – dem Monat Mai – steht
sie in Blüte. In Japan wird dieses Gehölz sehr
gern gezogen.

Familie: Ericaceae.
Heimat: Japan.
Laub: Immergrün. Dunkelgrünes Blatt mit sehr fein
und kurz behaarter Oberseite.
Blüte: In der Regel im Mai, sorten- und standort-
abhängig früher oder auch später.
Schwierigkeitsgrad: Mittel.

Rhododendron indicum 'Kakuo'.

Sorten

Von dieser Azalee existieren nahezu
3000 Sorten. Sie eignet sich hervorragend zum Bonsai, denn sie trägt
nicht nur dichtes Laub und im Frühjahr eine reiche Blüte, sondern lässt
sich ausgesprochen gut durch
Schnittmaßnahmen gestalten.

Standort

Hell und licht mit mindestens 4 Stunden direkter Sonne (im Sommer auf
die Morgen- und Abendstunden be-
schränkt). Kleinblättrige Sorten sind
besonders sonnenverträglich. Damit
die Pflanze für den nächsten Frühling
Blütenknospen ansetzt, ist reichlich
Licht im Spätsommer unerlässlich.
Manche Sorten vertragen winterliche
Minusgrade besser als andere, aber
generell sind sie frostverträglich. Sin-
ken die Temperaturen mehrere Tage
unter −5 °C, muss die Satsuki-Azalee
hell und frostfrei untergebracht wer-

den; gute Belüftung ist nun wichtig,
um Pilzerkrankungen vorzubeugen.

Pflege

Gießen: Substrat auf Basis von Rhododendronerde trocknet rascher aus
als andere Mischungen, weshalb Sie
im Sommer doppelt aufpassen müssen. Während der Blüte ist die Ver-
dunstungsrate hoch; das Substrat
darf in dieser Zeit nicht zu trocken
werden, denn die Blüten leiden als
erste darunter. Außerhalb der Blütezeit tut es der Azalee gut, wenn auch
das Laub gut überbraust wird. Offene
Blüten sollten Sie nie benetzen, weil
Wasser auf den Kronblättern die Blüten verbräunen und verwelken lässt.
Gießen Sie im Winter zurückhalten-
der, bei Frost gar nicht.
Düngen: 3 × im Jahr: im März, April
und September. Während der Blüte
nicht düngen.

Umtopfen: Alle 2–3 Jahre in eine Mischung aus 70 % Rhododendronerde
und 30 % Kanuma (Azaleenerde). Das
Zeitfenster dafür ist relativ eng – es
liegt zwischen dem Ende der Blüte
(Ende Mai) und dem Beginn der Sommerhitze. Sie können stattdessen vor
Frühjahrsbeginn umtopfen, doch
dafür muss der Bonsai frostfrei ge-
standen haben.

Vorfreude

Azaleen bilden ihre Blütenknospen
bereits 8–10 Monate vor der Blüte.
Auch die Satsuki-Azalee bildet ihre
Blütenknospen bereits 9–10
Monate vor der Blüte. Sie können
daher schon sehr früh erkennen,
wie reich die Blüte im kommenden
Mai ausfallen wird!

Schneiden: Die Satsuki-Azalee unterscheidet sich von anderen Azaleen und Rhododendren durch den bereits vor der Blüte stattfindenden Neuaustrieb. Wie Sie schneiden, hängt davon ab, in welchem Entwicklungsstadium sich die Gehölzform befindet. Wenn der Bonsai bereits gut geformt ist, werden die Neutriebe rund um die Blütenknospe pinziert oder ganz entfernt, damit sich die Blüten gut entwickeln können. Befindet sich die Bonsaiform noch im Aufbau, lassen Sie die Triebe wachsen, solange die Äste noch nicht die gewünschte Stärke haben. Während der Wachstumsphase sind mehrere Schnittmaßnahmen nötig, um die angestrebte Form zu halten. Zupfen Sie nach der Blüte alle Fruchtknoten ab, damit die Pflanze ihre Kraft ins Wachstum steckt, und führen Sie einen Formschnitt durch. Kürzen Sie später nur noch starkwüchsige Triebe, die sich oft auch durch lange Internodien auszeichnen, und entfernen Sie alle Stammaustriebe. Wenn das Gehölz im Herbst das Wachstum einstellt und sich in Winterruhe begibt, ist ein guter Zeitpunkt, um Totholz zu entfernen.

Besondere Techniken

Drahten: Da Azaleenzweige sehr leicht brechen, sollten Sie diese Technik eher meiden oder auf junge, noch biegsame Zweige beschränken. Der beste Zeitpunkt zum Eindrahten ist derselbe wie für den Erziehungsschnitt: das zeitige Frühjahr, noch vor dem Knospenaustrieb.
Abspannen: Besser als das Drahten ist das Abspannen, weil es für die Äste weniger riskant ist.

Krankheiten & Schädlinge

Ein *Phytophthora*-Befall der Blätter führt zum Vertrocknen und Laubfall. Entfernen Sie befallene Partien und behandeln Sie mit Bio-Fungizid.

Vermehrung

Azaleen lassen sich sehr einfach über Stecklinge vermehren. Tauchen Sie das Steckholz mit der Schnittstelle in Bewurzelungspulver, stecken Sie es in reines Kanuma (Azaleenerde) und sorgen Sie für eine geschlossene, luftfeuchte Atmosphäre. Bereits nach wenigen Wochen bilden sich Wurzeln.

20-jährige Azalee.

Rhododendron indicum 'Hoshi no kagayaki'.

BUCHE

Rot-Buche (*Fagus sylvatica*) und Gekerbte Buche (*F. crenata*)

Die Gekerbte Buche ist besser zum Bonsai geeignet
als die Rot-Buche, da sie ein kleineres Blatt besitzt.
Ihre kurzen Internodien sorgen zudem für eine
sehr gute Verzweigung.

10-jährige Rot-Buche
(*Fagus sylvatica*)
im Herbstkleid.

Familie: Fagaceae.
Heimat: Europa (*Fagus sylvatica*); Japan (*F. crenata.*)
Laub: Sommergrün. Im Frühjahr zartgrün, im Sommer dunkelgrün,
im Herbst gelbrot. Ein Teil des Herbstlaubes verbleibt am Bonsai
und wird erst abgeworfen, wenn die neuen Knospen austreiben.
Frucht: Essbare, allerdings geringfügig blausäurehaltige Buch-
eckern im September.
Schwierigkeitsgrad: Einfach.

Standort

Besonders im Frühjahr benötigen
Buchen Sonnenlicht, um sich gut zu
entwickeln. Bei sommerlicher Hitze
dagegen ist ein Platz zu empfehlen,
der vor allem nachmittags im Schatten liegt. In strengen Wintern droht
Schaden; bei Temperaturen unter
–5 °C müssen die Wurzeln geschützt
werden. Wenn der Wurzelbereich
mehrere Tage in Folge durchfriert,
sollte der Bonsai frostfrei aufgestellt
werden.

Pflege

Gießen: Im Sommer reichlich, auch
über das Laub. Sorgen Sie durchgehend für hohe Luftfeuchtigkeit.
Bei der trockenheitsempfindlicheren
Gekerbten Buche (*F. crenata*) kann
der Blattrand braun werden. Im
Winter sollte das Substrat zwischen
zwei Wassergaben gut abtrocknen.
Düngen: 2 × im Jahr: im Frühjahr,

wenn die Knospen austreiben, sowie
im Herbst vor dem Laubfall.
Umtopfen: Alle 2–3 Jahre im Frühjahr, noch vor dem Neuaustrieb,
in eine Mischung aus Humus und
Sand.
Schneiden: Pinzieren Sie im Frühjahr
kräftig schiebende Neutriebe schon
bald – solange das Holz weich ist –
auf 2–3 Blätter. Senkrechte Schosse
schneiden Sie direkt an der Basis ab.
Eine einzelne Schnittmaßnahme
während der Wachstumsphase reicht
aus, denn die Buche wächst langsam. Kürzen Sie im Winter zu lange
Äste und entfernen Sie die größten
Knospen.

Besondere Techniken

Drahten: Buchenholz ist sehr weich,
Bonsaidraht kann es daher leicht
beschädigen. Umwickeln Sie den
Draht zum Schutz mit Papier oder
Raffia. Verschließen Sie Rindenver-

letzungen sofort mit Wundverschluss. Die Richtung der Zweige
sollte bevorzugt durch den Schnitt
vorgegeben werden.
Entlauben: Wird selten angewendet.
Bei einem kräftigen Exemplar ist eine
Teilentlaubung möglich.

Krankheiten & Schädlinge

Blutläuse; Buchenkrebs, Echter Mehltau.

EICHE

Flaum-Eiche (*Quercus pubescens*), Stiel-Eiche (*Q. robur*), Stein-Eiche (*Q. ilex*), Kork-Eiche (*Q. suber*)

Eichen ergeben schöne Bonsais, doch ihr Laub ist recht großformatig. Für einen harmonischen Eindruck sind entsprechende Schnittmaßnahmen nötig.

10-jährige Flaum-Eiche
(*Quercus pubescens*).

Familie: Fagaceae.
Heimat: Gemäßigtes und mediterranes Europa.
Laub: *Quercus ilex* und *Q. suber*: immergrün; gezähntes, glänzend dunkelgrünes Blatt. *Q. pubescens* und *Q. robur*: sommergrün; lange anhaftendes Herbstlaub; gelapptes Blatt.
Blüte: April–Mai, gelb, unauffällig.
Frucht: Rotbraune, ovale bzw. kugelige Eicheln im Herbst.
Schwierigkeitsgrad: Einfach.

Standort

Eichen mögen es warm. Je nach Art sind sie teils mehr, teils weniger frosthart. Die Mittelmeerarten (*Q. ilex*, *Q. suber*) reagieren empfindlich auf starken Frost. Überwintern Sie diese daher in einem hellen, ungeheizten Raum. Aus gemäßigtem Klima stammende Eichen benötigen im Sommer leichten Sonnenschutz und sind sehr frostresistent.

Pflege

Gießen: Reichlich; zwischen zwei Wassergaben die Erde gut abtrocknen lassen, denn Eichen stehen ungern ständig feucht. Verzichten Sie darauf, bei warmem, luftfeuchtem Wetter das Laub zu überbrausen, da dies das Auftreten von Echtem Mehltau fördert, für den Eichen sehr anfällig sind.

Gekerbte Buche (F. crenata).

Düngen: Alle 3 Wochen von März bis Ende Juni sowie, als Vorbereitung auf die Vegetationsruhe, von September bis November. Im zeitigen Frühjahr sollte mit eher niedrigem Stickstoffanteil gedüngt werden, da sonst das Laub zu groß wird (ein Phänomen, das durch Lichtmangel zusätzlich unterstützt wird).
Umtopfen: Alle 2–3 Jahre in eine Mischung aus Akadama und Feinsplitt umtopfen. Das Wurzelwerk ist sehr ausgeprägt, schneiden Sie die Feinwurzeln um mindestens die Hälfte zurück.
Schneiden: Im März die Jungtriebe auf 2–3 Blätter pinzieren, in der Baumspitze auf 1 Blatt. Bis zum Herbst den kräftigen Neutrieb regelmäßig zurückschneiden. Im Winter ist Zeit für einen Formschnitt: Nehmen Sie die Hauptäste auf 2 Verzweigungen zurück und die Nebenäste auf eine kräftige Knospe.

Besondere Techniken

Drahten: Eichen lassen sich gut durch Schnitt formen, besonders gängig ist die Besenform (Hokidachi). Überprüfen Sie beim winterlichen Formschnitt, ob der Draht so sitzt, dass er später in der Wachstumsphase die Rinde nicht verletzt.

Krankheiten & Schädlinge

Blutläuse; Prachtkäfer und Bockkäfer (Holzschädlinge); Echter Mehltau.

Junges Laub einer Flaum-Eiche
(*Q. pubescens*).

ECHTE FEIGE

Ficus carica

Dieses unkomplizierte Gehölz sollte aufgrund seiner großformatigen Belaubung als entsprechend großer Bonsai gezogen werden.

Rund 40-jährige Echte Feige.

Familie: Moraceae.
Heimat: Vorderasien.
Laub: Sommergrün. Großes, festes, tief gelapptes Blatt mit flaumiger Unterseite.
Frucht: August–Oktober. An der Blattbasis ansetzende, schwarze oder grüne Feigen.
Schwierigkeitsgrad: Mittel.

Standort

Im Freien. Sehr hell und sonnig. Es gibt Sorten, die ausgepflanzt winterhart sind, als Topfpflanze sind sie jedoch empfindlicher. Als Bonsai sollten sie daher frostfrei überwintert werden.

Pflege

Gießen: Im Sommer reichlich gießen. Die Erde zwischen zwei Wassergaben nicht zu sehr austrocknen lassen, denn sowohl das Laub als auch die Früchte benötigen viel Wasser. Im Herbst und Winter die Erde gut abtrocknen lassen und mäßig gießen.
Düngen: 2–4 × pro Jahr, im Frühling und im Herbst. Meiden Sie stickstoffbetonten Dünger, da dieser die Ausbildung von großen Blättern fördert, was für einen Bonsai überhaupt nicht wünschenswert ist.
Umtopfen: Alle 2–3 Jahre im Frühjahr in eine gut durchlässige Mischung

aus 50 % Akadama, 30 % handelsüblicher Universalerde und 20 % Splitt.
Schneiden: Direkt nach dem Umtopfen und weiterhin während der gesamten Wachstumssaison, denn die Feige ist sehr wüchsig. Wiederholten Rückschnitt verträgt sie gut; schneiden Sie dabei jeweils auf 2–3 Blattknoten (Nodien) zurück.

Besondere Techniken

Entlauben: Der Bonsai kann im Frühsommer entlaubt werden, um das Austreiben kleinerer Blätter zu provozieren; dies fördert zugleich das Dickenwachstum. Da sich das Blattformat auch so nur in Maßen reduzieren lässt, sollte man die Echte Feige vorzugsweise als großen Bonsai ziehen.
Drahten: Ab Winterbeginn bis zum Spätfrühling. Belassen Sie den Draht 3–4 Monate am Ast. Schützen Sie

gegebenenfalls das empfindliche Holz.

Krankheiten & Schädlinge

Schildläuse, Spinnmilben, Mottenschildläuse.

Junges Feigenlaub.

SCHMALBLÄTTRI-GER FEUERDORN

Pyracantha angustifolia

Feuerdorn als Bonsai gezogen begeistert im Frühjahr mit reicher Blütenpracht, gefolgt von Büscheln hoch dekorativer Beeren, die den ganzen Winter über haften bleiben.

Familie: Rosaceae.
Heimat: China.
Laub: Halbimmergrün. Längliches, glänzend dunkelgrünes Blatt.
Blüte: Mai–Juni, weiß.
Frucht: September–Oktober, den Winter über anhaftend. Je nach Sorte rote, orangefarbene oder gelbe Beeren. Achtung: Auch Vögel mögen sie gern!
Schwierigkeitsgrad: Einfach.

15-jähriger Feuerdorn.

Standort

Im Freien. Wenig anspruchsvoll, verträgt volle Sonne. Rücken Sie Ihren Feuerdorn bei großer Hitze an einen halbschattigen Platz. Im Winter empfehlen sich bei Temperaturen unter −2 °C Schutzmaßnahmen.

Pflege

Gießen: Der Feuerdorn benötigt im Sommer viel Wasser für seine Beeren. Achten Sie jedoch darauf, dass die Erde zwischendurch oberflächlich gut abtrocknet, erst recht bei einem tiefen Pflanzgefäß. Hohe Luftfeuchtigkeit ist willkommen. Gießen Sie auch im Winter, vor allem dann, wenn der Bonsai einen Gutteil seiner Blätter gehalten hat.
Düngen: Regelmäßig 1 × im Monat. Phosphor- und kaliumbetonter Dünger fördert Blüten und Früchte, stickstoffreicher Dünger hingegen fördert den Zuwachs.

Umtopfen: Alle 2–3 Jahre in eine Mischung aus 70 % Akadama und 30 % Splitt/Kiryu. Achten Sie darauf, dass das Substrat gut durchlässig ist, denn Feuerdorn reagiert empfindlich auf zu feuchten Stand.
Schneiden: Bei angemessenen Düngergaben ist der Zuwachs recht kräftig. Nehmen Sie nach der Blüte jeden Zweig auf 2 Blattknoten (Nodien) zurück; nur fruchttragende Zweige, die Sie erhalten wollen, bleiben verschont. Beim winterlichen Erziehungsschnitt entfernen Sie die Form störende Äste.

Besondere Techniken

Drahten: Ganzjährig möglich. Belassen Sie den Draht etwa 6 Monate am Holz.

Krankheiten & Schädlinge

Gelegentlich Schild- oder Blattläuse. Feuerbrand stellt eine große Gefahr dar (es gibt resistente Sorten). Entfernen Sie betroffene Pflanzenpartien, verbrennen Sie das Schnittgut, und stellen Sie sicher, dass sich andere Pflanzen aus der Familie der Rosengewächse (Rosaceae) nicht angesteckt haben.

Feuerdornbeeren und -laub.

FICHTE

Yedo-Fichte (*Picea jezoensis*) und Sachalin-Fichte (*P. glehnii*)

Diese beiden Arten eignen sich gut zum Bonsai, denn ihre Nadeln sind sehr kurz und sie weisen von Natur aus eine dichte Verzweigung auf. Es handelt sich um sehr robuste, äußerst langlebige Bäume.

Familie: Pinaceae.
Heimat: Gebirgslagen auf Hokkaido (Japan) bzw. Sachalin (Russland).
Laub: Immergrün. Steife, spitze, glänzend dunkelgrüne Nadeln, bei *P. jezoensis* unterseits weiß-silbrig. Auch die Europäische Rot-Fichte (*P. abies* var. *abies*) eignet sich für Bonsai, aber ihre Nadeln sind größer.
Frucht: Zapfen im Herbst.
Schwierigkeitsgrad: Einfach.

9-jährige Yedo-Fichte
(*Picea jezoensis*).

Standort

Ganzjährig im Freien. Fichten lieben es vollsonnig und benötigen höchstens bei großer Hitze ein wenig Schatten. Vor allem wollen sie gut gegossen sein. Dennoch ist auch eine ganzjährig schattige Aufstellung möglich. Im Winter sollten sie vor Temperaturen unter −5 °C ebenso geschützt werden wie vor nasskalter Witterung.

Pflege

Gießen: Im Sommer genießen diese Fichten hohe Luftfeuchtigkeit und einen gut gewässerten Stand. Gießen Sie sie daher reichlich und überbrausen Sie den ganzen Baum. Zugleich sind sie gegenüber Trockenheit relativ unempfindlich. Im Winter sollte das Substrat zwischen zwei Wassergaben gut abtrocknen.
Düngen: Im Frühjahr und im Herbst

1 × im Monat organischen Langzeitdünger geben.
Umtopfen: Je nach Alter alle 3–5 Jahre in eine Mischung aus 70 % Akadama und 30 % Splitt. Das Substrat muss absolut durchlässig sein, Fichten vertragen keine stauende Nässe. Trimmen Sie die Wurzeln nicht zu radikal, der Baum braucht einen gut entwickelten Wurzelteller.
Schneiden: Kürzen Sie die jungen hellgrünen Triebe zeitig im Frühjahr. Reduzieren Sie beim winterlichen Formschnitt zu lange Zweige auf die gewünschte Länge. Schneiden Sie grundsätzlich oberhalb einer sichtbaren Knospe. Putzen Sie das Kroneninnere regelmäßig aus – kneifen Sie Totholz ab und entfernen Sie trockene Nadeln, damit Licht an die schlafenden Knospen gelangt und Schädlinge ferngehalten werden.

Besondere Techniken

Drahten: Im Herbst oder zu Winterbeginn. Nehmen Sie den Draht 9–10 Monate später ab.

Krankheiten & Schädlinge

Anfällig für Spinnmilben; überbrausen Sie den Bonsai bei Befall mehrere Wochen lang immer wieder gründlich. Verwenden Sie gegen Pilzerkrankungen wie Rost und Baumkrebs ein Bio-Fungizid.

Nadelkleid der Yedo-Fichte (*P. jezoensis*).

FINGERSTRAUCH

Potentilla fruticosa

Den Fingerstrauch gibt es in zahlreichen Sorten,
jede mit einer anderen Blütenfarbe. Den ganzen
Sommer lang öffnen sich am Ende der Zweige
neue Blütenknospen. Bei alten Exemplaren löst
sich die Rinde.

Familie: Rosaceae.
Heimat: Gemäßigte Zonen der Nordhalbkugel.
Laub: Sommergrün. Blatt 5-, seltener 3- oder 7-zählig gefiedert,
Blättchen elliptisch bis linealisch, oberseits grün, unterseits
blasser.
Blüte: Juli–September. Die Art blüht orangegelb.
Frucht: Nüsschen.
Schwierigkeitsgrad: Einfach.

8- bis 9-jähriger
Fingerstrauch.

Standort

Der Fingerstrauch ist in der Natur in
Höhenlagen anzutreffen. Er ist sehr
kälte- und zugleich sonnenverträglich. Geben Sie Ihrem Bonsai einen
sehr hellen Platz im Freien, im Frühjahr in voller Sonne, an sehr heißen
Sommertagen im Halbschatten. Bei
Dauerfrost oder Temperaturen unter
−10 °C ist Schutz nötig. So frostverträglich dieser Strauch auch ist – vergessen Sie nie, dass er nicht im
Boden, sondern in einer Schale wur-
zelt, was seine Überlebenschancen
deutlich mindert.

Pflege

Gießen: Lassen Sie zwischen zwei
reichlichen Wassergaben die Erde
immer oberflächlich antrocknen. Der
Fingerstrauch verträgt jedoch keiner-
lei Trockenheit im Wurzelballen – am
allerwenigsten, wenn er im Sommer
in voller Blüte steht und einen beson-

ders hohen Wasserverbrauch hat. Reduzieren Sie im Winter die Wassermenge und lassen Sie das Substrat
gut abtrocknen, denn nun reagiert
die Pflanze empfindlich auf ein Übermaß an Feuchtigkeit.
Düngen: Von März bis Juni und von
September bis November 1 × im
Monat.
Umtopfen: Alle 2 Jahre im zeitigen
Frühjahr, wenn die ersten Knospen
aufbrechen. Der Fingerstrauch stellt
keine großen Ansprüche an sein Substrat. Geben Sie ihm eine durchlässige Mischung mit mindestens 60 %
Akadama, aufgefüllt mit handelsüblicher Universalerde. Eine Beimengung
von Feinsplitt macht das Substrat
durchlässiger.
Schneiden: Nehmen Sie beim winterlichen Formschnitt die Äste gründlich
zurück. Putzen Sie nach dem Flor Ver-
blühtes aus und schneiden Sie zu
lange Zweige auf 2–3 Blätter zurück.

Der Zuwachs ist mäßig. Sollte Ihr
Bonsai kräftiger treiben, können Sie
auch mehrmals schneiden.

Besondere Techniken

Drahten: Ganzjährig möglich.

Krankheiten & Schädlinge

Rote Spinne, Spinnmilben, Raupen,
Schild- und Blattläuse. Selten Echter
Mehltau.

Fingerstrauch-Laub.

GINKGO

Ginkgo biloba

Fächertanne und Mädchenhaarbaum sind zwei weitere Namen dieser Baumart, der einzigen noch existierenden Vertreterin ihrer Familie. Der Baum soll bereits vor 270 Mio. Jahren aufgetreten sein, deutlich vor den Dinosauriern.

Familie: Ginkgoaceae.
Laub: Sommergrün. Fächerförmiges hellgrünes, im Herbst goldgelbes Blatt.
Blüte: April, unauffällig.
Frucht: September–Oktober, stark riechend.
Schwierigkeitsgrad: Einfach.

Ein außergewöhnliches Gehölz

Der Ginkgo ist die einzige Baumart, die den Atombombenangriff auf Hiroshima überlebte. Seither wurde er zum Wahrzeichen von Tokyo erklärt und steht symbolisch für Wachstum, Wohlergehen und Langlebigkeit. Weibliche Pflanzen tragen Frucht, doch der Geruch des verrottenden Samenmantels ist so unangenehm penetrant, dass in Europa ausschließlich männliche Ginkgos gepflanzt werden. In China und Japan werden die Samen traditionell in der Küche genutzt.

Standort

Der Ginkgo will ganzjährig im Freien stehen. Geben Sie ihm in der Sommerhitze einen schattigen bis halbschattigen Platz. Ausgepflanzte Ginkgos vertragen Temperaturen bis −30 °C. Die Wurzeln eines Bonsais je-

doch brauchen Schutz, sobald die Temperaturen unter −5 °C absinken.

Pflege

Gießen: Trockenheit bekommt dem Ginkgo nicht gut, lassen Sie ihn daher im Sommer nicht zu sehr austrocknen. Im Winter mäßig gießen.
Düngen: Von März bis Juni und von September bis Oktober sollten Sie 1 × im Monat Düngekugeln verabreichen.
Umtopfen: Zwar stellt der Ginkgo keine großen Ansprüche an den Boden, doch als Substrat ist ihm eine durchlässige Mischung von 80 % Akadama und 20 % Kiryu am liebsten. Der ideale Zeitpunkt ist kurz vor dem Austrieb, Ende Februar bis Anfang April.
Schneiden: Da der Ginkgo eher langsam wächst, reichen 1–2 Schnittmaßnahmen pro Jahr. Nehmen Sie während des Neuaustriebs im April–Juni einen Pflegeschnitt vor. Der

Formschnitt erfolgt am gut sichtbaren blattlosen Gerüst im Winter.

Besondere Techniken

Drahten & Abspannen: Verzichten Sie nach Möglichkeit auf Drahten und Abspannen, zur Formgebung sind Schnittmaßnahmen normalerweise ausreichend.

Krankheiten & Schädlinge

Der Ginkgo ist nur sehr selten von Infektionen betroffen.

Das Ginkgoblatt ist stark wasserabweisend.

GRANATAPFEL

Punica granatum

Für die Erziehung zum Bonsai wird bevorzugt die Auslese 'Nana' verwendet, die sich durch besonders kleine Blätter auszeichnet.

Rund 10-jähriger, kräftig treibender Granatapfel-Bonsai.

Familie: Punicaceae.
Heimat: Naher Osten.
Laub: Sommergrün. Kleines, glänzend grünes Blatt.
Blüte: Juni–September. Rote, bisweilen orangerote Blüte mit zerknitterten Blütenblättern.
Frucht: September–Oktober, je nach Sorte gelb, orange oder rot, genießbar. Reicher Fruchtbehang möglich.
Schwierigkeitsgrad: Einfach.

Standort

Hell aufgestellt im Freien. Der Granatapfel liebt es warm und spricht sehr gut auf einen vollsonnigen Standort an. Kälte und starken Frost verträgt er gar nicht: Stellen Sie ihn in ein ungeheiztes Zimmer, bis die Kälte vorüber ist.

Pflege

Gießen: Im Sommer reichlich, überbrausen Sie auch das Laub. Reduzieren Sie im Winter die Wassermenge, aber lassen Sie das Substrat nicht zu sehr austrocknen.
Düngen: Im Frühjahr mit einem kalium- und phosphorbetonten Dünger, um die Blüte und den Fruchtansatz zu fördern; im Herbst ebenfalls düngen. Nährstoffmangel wird nur schlecht vertragen, das Gehölz reagiert darauf schnell mit Mangelerscheinungen.

Umtopfen: Alle 2 Jahre im Frühjahr, wenn das Laub gerade auszutreiben beginnt, in eine Mischung aus 80 % Akadama und 20 % Feinsplitt/Kiryu, eventuell mit etwas Universalerde ergänzt. Kürzen Sie die Wurzeln um ein Drittel.
Schneiden: Pinzieren Sie die jungen Triebe im Frühjahr auf 2–3 Blätter; danach nicht mehr kürzen. Schneiden Sie die Zweige nach der Blüte auf 2 Augen zurück. Entfernen Sie Stammaustriebe und Wurzelschösslinge regelmäßig. Schneiden Sie beim Formschnitt im Winter ungünstig stehende Äste aus. Der Granatapfel verträgt einen kräftigen Rückschnitt und verzweigt sich sehr gut.

Besondere Techniken

Drahten: Der Granatapfel hat einen von Natur aus interessanten Wuchs und lässt sich leicht durch Schnitt lenken. Drahten ist eine weitere Möglichkeit. Legen Sie den Draht möglichst im Winter an und schützen Sie dabei Holz und Rinde mit Raffia.

Krankheiten & Schädlinge

Grüne Blattläuse, Schildläuse, Spinnmilben.

Blüte mit sichtbarem Fruchtknoten.

HAINBUCHE

Koreanische Hainbuche (*Carpinus coreana*), Lockerblütige
Hainbuche (*C. laxiflora*), Gewöhnliche Hainbuche (*C. betulus*)

Hainbuchen sind pflegeleichte Gehölze, die sich gut
formen lassen. Von Bonsai-Liebhabern werden sie gern
als Waldpflanzung (Yose-ue) gezogen.

Familie: Betulaceae.
Heimat: Asien (*Carpinus coreana*, *C. laxiflora*), Europa (*C. betulus*).
Die beiden asiatischen Arten sieht man am häufigsten als Bonsai.
Laub: Sommergrün. Lange anhaftendes Herbstlaub. Grünes,
gezähntes Blatt, schöne rotorange bis gelbe Herbstfarbe, die bei
der Gewöhnlichen Hainbuche (*C. betulus*) jedoch etwas weniger
prachtvoll ausfällt.
Blüte: Unauffällige Kätzchen.
Frucht: Nüsse im Oktober. Flügelfrucht.
Schwierigkeitsgrad: Einfach.

11-jährige Locker-
blütige Hainbuche.

Standort

Sehr hell im Freien. Volle Sonne ist im
Frühjahr und Herbst willkommen,
doch im Sommer ist ein Schattenplatz zwingend, damit das Laub nicht
verbrennt. Sorgen Sie durchgehend
für ein gutes Maß an Luftfeuchte.
Hainbuchen sind frostverträglich; bei
Temperaturen unter –5 °C ist aber
Frostschutz angeraten.

Pflege

Gießen: Reichlich im Sommer, über-
brausen Sie auch das Laub. Im Winter
nur dann gießen, wenn die Erde rich-
tig trocken ist.
Düngen: Mindestens 2 × im Jahr, im
Frühjahr und im Herbst.
Umtopfen: Alle 2–3 Jahre im zeitigen
Frühjahr in eine Mischung aus 60 %
Akadama, 20 % gesiebter Universal-
erde und 20 % Splitt/Kiryu.
Schneiden: Im Frühjahr jeden Trieb
auf 1–2 Blattknoten (Nodien) zurück-

nehmen, sobald er 4–6 Blätter getrieben hat. Schneiden Sie im oberen
Kronenteil grundsätzlich kräftiger zurück als im unteren. Im Winter beim
Erziehungsschnitt Äste, die die Form
verderben, ganz herausnehmen.

Besondere Techniken

Drahten: Im Winter können Sie drahten, doch lassen sich Hainbuchen

durch Schnitt hervorragend formen
und zu reichlicher Verzweigung bewegen.

Krankheiten & Schädlinge

Anfällig für Echten Mehltau. Gegenüber sämtlichen anderen Infektionen
sehr resistent.

Gewöhnliche Hainbuche: Laub.

Koreanische Hainbuche: Herbstlaub.

Rechts: Koreanische Hainbuche im Herbstkleid.

JAPANISCHE SCHWARZ-KIEFER

Pinus thunbergii

Die Japanische Schwarz-Kiefer ist in ihrer Heimat sehr beliebt für eine Gestaltung als Bonsai. Hierzu trägt besonders die schuppige Rinde bei, die schon bald eine Anmutung von hohem Alter vermittelt.

Familie: Pinaceae.
Heimat: Japan.
Laub: Immergrün. Die 7–10 cm langen Nadeln stehen paarweise in der Nadelscheide.
Blüte: Frühjahr, unauffällig.
Frucht: Braune, eiförmige Zapfen.
Schwierigkeitsgrad: Mittel.

Rund 20-jährige Japanische Schwarz-Kiefer.

Standort

Ganzjährig im Freien und vollsonnig, denn die Japanische Schwarz-Kiefer benötigt reichlich Licht.

Pflege

Gießen: Obwohl diese Kiefer recht wenig trockenheitsempfindlich ist, sollten Sie gründlich gießen, sobald die Erde oberflächlich abgetrocknet ist. Überbrausen Sie bei hohen Temperaturen auch das Nadelkleid. Im Winter ist zu viel Feuchtigkeit schädlich, stellen Sie den Bonsai im Freien zwar kalt, aber trocken und hell auf. Gießen Sie erst, wenn die Erde trocken ist.

Düngen: 2 × im Frühjahr und 1 × im Herbst. Bei einem alten Bonsai genügt 1 × im Frühjahr und 1 × im Herbst.

Umtopfen: Alle 3–5 Jahre. Kiefern sind ein wenig heikel, sie benötigen eine sehr durchlässige Substratmischung. Erhalten Sie einen Teil der verbrauchten Erde, denn diese enthält die für die Kiefer lebenswichtigen Mykorrhizen. Ergänzen Sie mit Akadama und Kiryu etwa im Verhältnis 70:30.

Schneiden: Ähnlich wie bei der Mädchen-Kiefer. Da bei der Japanischen Schwarz-Kiefer die untersten 1–2 cm der Kerzen unbenadelt sind, ist darauf zu achten, dass Sie erst oberhalb der ersten zweipaarigen Nadelbüschel pinzieren. Speziell für die Japanische Schwarz-Kiefer gibt es unterschiedliche Pinziertechniken, je nachdem, wie weit der Bonsai schon entwickelt ist. Schneiden Sie im Winter den Jahrestrieb zurück – im Wipfelbereich am stärksten und nach Möglichkeit knapp oberhalb einer Knospe.

Besondere Techniken

Drahten: Gedrahtet wird im Herbst oder Winter. Den Draht können Sie im Vergleich zu anderen Gehölzen recht lange an der Pflanze lassen, etwa bis Herbst des nächsten Jahres.

Krankheiten & Schädlinge

Es können Blatt- und Schildläuse auftreten.

Pinus thunbergii 'Corticosa' als Mame-Bonsai („für eine Hand").

MÄDCHEN-KIEFER

Pinus pentaphylla

In Japan gilt *goyo matsu* als Symbol der Unsterblichkeit. Die Mädchen-Kiefer ist *der* Bonsai-Baum schlechthin.

Familie: Pinaceae.
Heimat: Japan.
Laub: Immergrün. Die 4–5 cm langen Nadeln stehen zu fünft beisammen.
Blüte: Unscheinbar, im Frühjahr. Endständige, purpurrote weibliche Zapfen; 5–6 mm große, rosarote männliche Zapfen, die gelben Pollen entlassen.
Frucht: Kleine, sehr lange anhaftende, dunkelbraune Zapfen.
Schwierigkeitsgrad: Mittel.

Mädchen-Kiefer in frei aufrechter Form (Moyogi).

Standort

Vollsonnig. Die Mädchen-Kiefer ist sehr lichthungrig und ausgesprochen hitzeverträglich. Achten Sie dennoch darauf, sie im Sommer bei allzu hohen Temperaturen ein wenig in den Schatten zu rücken.

Pflege

Gießen: Im Sommer reichlich, dabei jedoch immer zwischen zwei Wassergaben die Erde trocknen lassen. Das Nadelkleid mit Wasser besprühen. Dieser Baum mag es luftfeucht. Im Winter bei regengeschütztem Stand gießen, wenn das Substrat oberflächlich gut abgetrocknet ist.
Düngen: 1–2 × im Frühjahr und 1 × zu Herbstbeginn.
Umtopfen: Alle 3–5 Jahre. Erhalten Sie einen Teil der verbrauchten Erde, denn diese enthält die für die Nährstoffversorgung der Kiefer unerlässlichen Mykorrhizen.

Schneiden: Im Frühjahr (April–Mai) mit den Fingern die Kerzen pinzieren, aus denen sich später die Nadelbüschel herausschieben werden. Dieser Vorgang kann sich über mehrere Wochen hinziehen, je nachdem, wie rasch sich die Kerzen entwickeln. Im Oktober überlange Zweige zurückschneiden, die die angestrebte Form verderben könnten. Setzen Sie den Schnitt bei einem kräftigen Trieb oberhalb einer gut entwickelten Knospe oder eines Nadelbüschels an, ohne jedoch dabei die Nadeln zu kürzen, und belassen Sie 2–3 Nadeletagen am Trieb.

Besondere Techniken

Drahten: Im Herbst oder Winter. Belassen Sie den Bonsaidraht bis zum Frühsommer am Baum.

Krankheiten & Schädlinge

Schädlinge: Blatt- und Schildläuse.
Kiefernschütte: Im Winter gelb werdende Nadeln an den unteren Ästen. Abgestorbene Partien entfernen und mit Bio-Fungizid behandeln.

Weiblicher Blütenzapfen.

Mädchen-Kiefer: Benadelung.

LÄRCHE

Europäische Lärche (*Larix decidua*), Japanische Lärche
(*L. kaempferi*, syn. *L. leptolepis*), Gold-Lärche (*Pseudolarix
amabilis*, syn. *P. kaempferi*)

Die Lärchen gehören zu den wenigen Koniferen,
die im Winter ihr Laub abwerfen. *Larix kaempferi*
ist aufgrund ihrer ausgesprochen kurzen Nadeln
besonders interessant für die Erziehung zum Bonsai.

Familie: Pinaceae.
Heimat: Nordhalbkugel.
Laub: Sommergrün. Weiche, grüne Nadeln, die an Kurztrieben
in Büscheln stehen und an einjährigen Langtrieben einzeln
angeordnet sind. Goldene Herbstfarbe.
Frucht: Im Herbst rote, später braune Zapfen.
Schwierigkeitsgrad: Einfach.

Standort

Lärchen stehen gern sonnig, sollten
bei großer Hitze aber in den Schatten
gerückt werden. Diese Bäume bevor-
zugen eine relativ hohe Luftfeuchtigkeit. Sie sind gut winterhart, benötigen bei lang anhaltendem Frost aber
dennoch Schutz.

Pflege

Gießen: Im Sommer häufig gießen,
die Erde muss immer recht frisch sein
– Lärchen reagieren empfindlich auf
Trockenheit, erst bei geringer Luftfeuchte. Überbrausen Sie beim Gießen regelmäßig das Nadelkleid.
Düngen: Im Frühjahr und im Herbst
1 × im Monat, außer direkt nach dem
Umtopfen. Geben Sie im Herbst zusätzlich phosphor- und kaliumbeton-
ten organischen Dünger.

25-jährige Mädchen-Kiefer
in handgetöpferter Schale.

Umtopfen: Alle 3 Jahre im April. Es
empfiehlt sich, dicke Wurzeln auf die
Hälfte ihrer Länge zu kürzen – nach
Möglichkeit dort, wo eine Nebenwur-
zel abzweigt. Die Substratmischung
muss grundsätzlich gut durchlässig
sein: Verwenden Sie reines Akadama,
dem Sie höchstens ein wenig Universalerde und Splitt beimengen.
Schneiden: Der Formschnitt wird im
Winter nach dem Nadelfall vorge-
nommen. Pinzieren Sie im Frühjahr
die Neuaustriebe am Ende der stärke-
ren Äste. Dünnere Zweige dürfen sich
zunächst frei entwickeln, um danach
oberhalb eines Nadelbüschels auf die
gewünschte Länge gekürzt zu werden.

Besondere Techniken

Drahten: Lärchen wachsen gerade in
die Höhe. Sie haben biegsame Äste,
die sich problemlos drahten lassen.
Achten Sie beim Eindrahten auf die

Knospen und belassen Sie den Draht
etwa 6 Monate am Baum. Je nach Er-
gebnis ist dieser Vorgang gegebenenfalls zu wiederholen.

Krankheiten & Schädlinge

Blatt- und Schildläuse, Raupen,
Borkenkäferlarven (Fraßgänge unter
der Rinde). Lärchenschütte und Triebsterben (ausgelöst durch Pilzinfektionen).

Junge Nadelbüschel einer Lärche.

ÖLBAUM

Ölbaum (*Olea europaea* subsp. *europaea*), Wilder Ölbaum
(*O. europaea* subsp. *sylvestris*)

Besser zum Bonsai geeignet als der kultivierte
Ölbaum ist der Wilde Ölbaum, denn er trägt kleinere
Oliven und kleineres Laub.

Ölbaum (*Olea euro-
paea* subsp. *europaea*)
als gelehnte Form
(Shakan) gezogen.

Familie: Oleaceae.
Heimat: Afrika, Asien und die europäische Mittelmeer-
region.
Laub: Immergrün. Gegenständige, feste, grüngraue Blätter,
bei *O. europaea* subsp. *europaea* mit silbriger Unterseite.
Blüte: Kleine, rahmweiße Blüten im Mai–Juni.
Frucht: Im Oktober–November ovale, grüne oder schwarze
Steinfrüchte („Oliven").
Schwierigkeitsgrad: Einfach.

Standort

Im Freien – der Ölbaum verlangt nach
viel Licht und Sonne und verträgt
sommerliche Hitze ausgezeichnet. Er
ist aber frostempfindlich und sollte
daher in einem hellen, kühlen Raum
überwintert werden (um 5 °C).

Pflege

Gießen: Im Sommer reichlich, doch
lassen Sie zwischen zwei Wassergaben so viel Zeit verstreichen, dass
alle Feuchtigkeit vom Baum aufgenommen wurde. Ölbäume vertragen
zu viel Wasser genauso schlecht
wie zu wenig. Im Winter die Wassergaben an den verringerten Bedarf an-
passen.
Düngen: Von Anfang März bis Ende
September 1 × im Monat. Um den
Bonsai möglichst lange im Freien belassen zu können, sollte die letzte
Gabe mit phosphor- und kaliumbe-
tontem Dünger angereichert werden,

der den Baum gestärkt in die Winterruhe gehen lässt.
Umtopfen: Alle 2–3 Jahre im April in
eine Mischung auf Basis von mindestens 50 % Akadama, eventuell mit
handelsüblicher Universalerde abge-
mischt. Wichtig ist guter Wasserab-
zug, denn der Ölbaum reagiert empfindlich auf übermäßig feuchten
Boden. In der Natur wächst der Wilde
Ölbaum, auch Oleaster genannt, auf
magerem, steinigem Boden.
Schneiden: Entfernen Sie im März–
April (kurz vor dem Austrieb) sämtliche Äste und Zweige, die nach oben
oder unten streben, denn diese verderben die Form. Der Ölbaum reagiert sehr gut auf Schnitt. Kürzen
Sie von März bis in den Sommer
sämtliche Triebe, sobald diese ihr
Längenwachstum beendet haben.
Diese Bäume neigen zu Wassertrie-
ben; entfernen Sie diese, sobald sie
auftreten.

Besondere Techniken

Drahten: Ganzjährig möglich. Belassen Sie den Bonsaidraht maximal
3 Monate am Baum.

Krankheiten & Schädlinge

Raupen, Schildläuse; Echter Mehltau.

Kleinformatiges Laub am Wilden
Ölbaum (*O. europaea* subsp. *sylvestris*).

PRACHTGLOCKE

Frühblühende Prachtglocke (*Enkianthus perulatus*), Glockige Prachtglocke (*E. campanulatus*)

Diese beiden Gehölze gehören zur selben Familie wie die Azaleen und lieben wie diese saure Böden. Sie gefallen vor allem durch den Blütenschmuck und die prächtige Herbstfärbung.

Blühende Prachtglocke.

Familie: Ericaceae.
Heimat: Japan und China (Himalaja).
Laub: Sommergrün. Die Blätter stehen in Büscheln am Zweigende. Herrliche Herbstfarben von Gelborange bis Rot.
Blüte: *E. perulatus* bildet weiße, maiglöckchenartige Blüten im April–Mai, noch vor dem Laubaustrieb. *E. campanulatus* trägt rosa bis rot geäderte, hellgelbe, glockige Blüten in hängenden Büscheln.
Schwierigkeitsgrad: Mittel.

Standort

Sorgen Sie dafür, dass Ihre Prachtglocke im Frühjahr und im Herbst sehr hell steht, denn nur so entwickelt sie eine gute Herbstfärbung. Im Sommer bekommt ihr ein halbschattiger Standort besser. Schützen Sie sie im Winter vor Temperaturen unter –3 °C.

Pflege

Gießen: Ab dem Blattaustrieb bis zum Herbst reichlich gießen, sobald sich die Erde oberflächlich trocken anfühlt. Die Prachtglocke mag nicht völlig trocken stehen. Im Winter, nach dem Laubfall, benötigt das Gehölz weniger Wasser.
Düngen: Im Frühjahr und im Herbst je 2 ×.
Umtopfen: Alle 2–3 Jahre im Frühjahr in eine Mischung aus 80 % Kanuma oder Rhododendronerde mit 20 % Splitt oder Kiryu. Kalkhaltigen Boden

mag die Prachtglocke überhaupt nicht.
Schneiden: 1–2 × während der Wachstumsphase, vor allem, wenn der Bonsai stark treibt. Reduzieren Sie beim winterlichen Formschnitt Astgabeln nach Möglichkeit auf einen Ast.

Besondere Techniken

Drahten: Im Frühjahr und im Herbst. Seien Sie beim Eindrahten vorsichtig, denn das Holz ist relativ brüchig.

Krankheiten & Schädlinge

Schild- und Blattläuse. Anfällig für Chlorose.

Frühblühende Prachtglocke (*Enkianthus perulatus*): Blüte.

Glockige Prachtglocke (*E. campanulatus*): Herbstfärbung.

SCHEINQUITTE

Chaenomeles sinensis, C. speciosa, C. lagenaria und *C. japonica*

Die strauchig wachsenden Scheinquitten wachsen
schon von Natur aus in bizarren Formen und lassen sich
mit wenig Aufwand zum Bonsai ziehen. Im Frühjahr
schmücken sie sich mit spektakulären Blüten.

Familie: Rosaceae.
Heimat: China.
Laub: Sommergrün. Gezähntes, längliches oder eirundes,
glänzend grünes Blatt.
Blüte: März–April, rot, rosa oder weiß.
Frucht: Oktober. Rundliche, gelbe bis gelbgrüne Apfel-
früchte.
Schwierigkeitsgrad: Einfach.

25-jährige
Scheinquitte.

Standort

Diese Sträucher lieben das Sonnenlicht, doch bei großer Hitze sollten
Sie sie halbschattig stellen. Frost
bekommt dem Bonsai gar nicht,
überwintern Sie ihn daher hell bei
8–10 °C.

Pflege

Gießen: Hoher Wasserbedarf, daher
regelmäßig gießen. Zur Blütezeit besonders gut beobachten – Wassermangel führt zum Abwerfen der
Knospen, ein Zuviel an Wasser lässt
aber die Blüten welken. In regenrei-
chem Frühjahr regengeschützt auf-
stellen. Im Winter muss das Substrat
immer wieder abtrocknen können.
Düngen: Im April–Mai und im September mit phosphor- und kaliumbe-
tontem Dünger, um die Knospenbil-
dung zu fördern.
Umtopfen: Alle 2 Jahre im Frühjahr
nach der Blüte. Vorsicht bei spät-

frostgefährdeten Lagen: In
diesem Fall sollte im Herbst
umgetopft werden, worauf-
hin der Bonsai geschützt und
frostfrei aufzustellen ist. Eine Mischung aus Akadama und Splitt ist
der Scheinquitte zuträglich. Zwar verträgt sie kalkhaltige Erde, doch ein
Substrat im leicht sauren Bereich bekommt ihr auch.
Schneiden: Nach der Blüte Neutriebe
auf zwei Augen zurücknehmen; während der ganzen Wachstumszeit wiederholen. Entfernen Sie sämtliche
Stammaustriebe, sofern Sie nicht
einen davon zu einem neuen Ast heranziehen wollen.

Besondere Techniken

Drahten: Möglich vom Frühjahr bis
zum Spätsommer. Belassen Sie den
Draht 4–6 Monate am Gehölz, um die
neue Form zu sichern. Allerdings reagieren Scheinquitten so gut auf

Formschnitt, dass man aufs Drahten
gut verzichten kann.

Krankheiten & Schädlinge

Blatt- und Schildläuse; Feuerbrand,
Wurzelkropf (*Agrobacterium tume-
faciens*).

Scheinquitte: Blüten.

STECHPALME

Japanische Stechpalme (*Ilex crenata*), Japanische
Winterbeere (*Ilex serrata*)

Farbige Beeren und eine dichte Verzweigung
sind hervorragende Gründe, diese
Gehölze als Bonsai zu ziehen.

Familie: Aquifoliaceae.
Heimat: Nordhalbkugel.
Laub: Bei *I. crenata* immergün mit dunkelgrünem, gekerbtem Blatt;
bei *I. serrata* sommergrün mit hellgrünem, fein gesägtem Blatt.
Blüte: Mai–Juni, rosa-weiß (*I. crenata*) bzw. bläulich weiß (*I. serrata*).
Frucht: Die schwarzen (*I. crenata*) bzw. roten (*I. serrata*) Beeren
haften den ganzen Winter am weiblichen Gehölz; männliche Stech-
palmen dienen als Pollenlieferanten.
Schwierigkeitsgrad: Einfach.

Standort

Im Freien. Die Japanische Stechpalme
(*I. crenata*) fühlt sich am vollsonnigen
Standort wohl. Geben Sie der Japanischen Winterbeere (*I. serrata*) bei sommerlicher Hitze einen Schattenplatz.
Im Winter ist bei Temperaturen unter
–2 °C Winterschutz notwendig, bei
sehr niedrigen Temperaturen ein Platz
in einem hellen, ungeheizten Raum.

Pflege

Gießen: Das Substrat gut durchfeuchten und zwischen zwei Wassergaben trocknen lassen. Diese Gehölze mögen es nicht zu nass, doch
bei sonnigem Stand haben sie einen
hohen Wasserbedarf. Auch bevor-
zugen sie hohe Luftfeuchtigkeit,
überbrausen Sie daher das Laub.
Düngen: 1 × im Monat im Frühjahr,
1–2 × im Herbst, nach Möglichkeit
mit einem stickstoffarmen Mehr-
nährstoff-Dünger.

Umtopfen: Alle 2 Jahre im zeitigen
Frühjahr, solange die Knospen noch
nicht schwellen. Stechpalmen zeichnen
sich durch starkes Wurzelwachstum
aus, reduzieren Sie daher die Wurzelmasse um die Hälfte. Mischen Sie Akadama mit Splitt und handelsüblicher
Universalerde. *Ilex* ist kalkverträglich.
Schneiden: *I. crenata* wächst langsam, *I. serrata* dagegen ziemlich
schnell. Typisch für die Gattung sind
Ausschläge aus der Stammbasis –
entfernen Sie diese vollständig und
frühzeitig. Im Winter oder direkt nach
dem Umtopfen ist der richtige Zeitpunkt für einen Formschnitt. Kürzen
Sie im Frühjahr Zweige auf die gewünschte Länge. Pinzieren Sie bei bereits stark verzweigten Bonsais regelmäßig die Neuaustriebe, vor allem
bei *I. crenata*. Nehmen Sie im Winter
einen Teil der Beeren ab, wenn der
Besatz zu reichlich ist, damit das
Gehölz nicht geschwächt wird.

Besondere Techniken

Drahten: Im Frühjahr und Sommer
möglich, doch Vorsicht: Die Zweige
brechen leicht, und die Äste sind
steif.

Krankheiten & Schädlinge

Anfällig für Spinnmilben und Minier-
fliegen, deren Larven in den Blättern
Gänge fressen. Entfernen und ver-
nichten Sie alle befallenen Blätter.

Japanische Stechpalme (*Ilex crenata*):
Laub und Beeren.

JAPANISCHE ULME

Ulmus parvifolia

Dieser vitale Baum wird Anfängern gern ans Herz
gelegt, denn er rappelt sich selbst dann wieder
auf, wenn das Gießen einmal vernachlässigt
wurde.

Zur Besenform (Hokidachi)
gezogene Japanische Ulme.

Familie: Ulmaceae.
Heimat: Ostasien.
Laub: Halbimmergrün bis immergrün. Kleines, dunkelgrünes,
gezähntes Blatt.
Blüte: Spät, im August–September, selten bei als Bonsai
gezogenen Exemplaren.
Frucht: Flügelnuss im Oktober–November.
Schwierigkeitsgrad: Sehr einfach.

Standort

Im Freien. Verträgt starke Hitze problemlos, benötigt aber Schutz vor sen-
gender Sonne. Sorgen Sie immer für
ein Mindestmaß an Luftfeuchte. Die
Japanische Ulme verträgt Wintertemperaturen bis −5 °C; bringen Sie sie
jedoch bei länger anhaltendem Frost
in einen hellen, ungeheizten Raum.

Pflege

Gießen: Im Sommer reichlich; überbrausen Sie das Laub ebenfalls
gründlich. Lassen Sie im Winter das
Substrat zwischen zwei Wassergaben
abtrocknen.
Düngen: Im Frühjahr und im Herbst
jeweils 1 × im Monat.
Umtopfen: Alle 2–3 Jahre im Frühjahr
in eine Mischung aus 60 % Akadama
und 40 % Splitt. Sie können dieser
Mischung auch gesiebte Universalerde beigeben.
Schneiden: Sehr einfach: Schneiden

Sie 2–3 × im Jahr, bei Bedarf auch
öfter – die Japanische Ulme ist ausgesprochen wüchsig. Kürzen Sie die
Zweige, um die Form zu erhalten. Der
Winter ist ein guter Zeitpunkt, um
ungünstig stehende Äste sowie abgestorbene Zweige im Kroneninneren
zu entfernen.

Besondere Techniken

Drahten: Ganzjährig möglich, am
besten jedoch im Winter. Den Bonsaidraht 3–4 Monate am Baum belassen.

Krankheiten & Schädlinge

Spinnmilben lieben die Japanische
Ulme, ihre Anwesenheit verrät sich
oft erst durch unverhofft abfallendes
grünes Laub. Zögern Sie nicht, die
Kronenunterseite während des Som-
mers 2–3 × im Monat oder sogar bei
jeder Wassergabe abzuduschen, erst
recht bei trockener Luft.

Drinnen oder draußen?

Die Japanische Ulme wird häufig
als Zimmerbonsai angeboten, doch
zu Unrecht – es handelt sich bei ihr
um eine Art, die, vor strengen Frös-
ten geschützt (Wurzelballen darf
nicht durchfrieren), den Winter über
auch im Freien gehalten werden
kann. Manche Exemplare werfen
zum Winter hin ihr gesamtes Laub,
andere nur einen Teil der Blätter ab.

Laub der Japanischen Ulme.

Rund 10-jährige Japanische Ulme in
stark gewundener Form (Bankan).

URWELT-MAMMUTBAUM

Metasequoia glyptostroboides

Dieser vor nicht einmal 100 Jahren entdeckte Baum zählt zu den wenigen laubabwerfenden Koniferen. Mit seinem raschen Wuchs ist er ein guter Kandidat für die Erziehung zum Bonsai, denn in wenigen Jahren kann man ihm die Anmutung eines alten Gehölzes verleihen.

Familie: Taxodiaceae.
Heimat: China.
Laub: Sommergrün. Leuchtend hellgrünes Blatt.
Blüte: 5–6 mm groß. Grünliche, einzelne, aufrecht stehende weibliche Zapfen; gelbe, kätzchenartig beisammen stehende männliche Pollenzapfen.
Frucht: Kugelige Zapfen von etwa 20–30 mm Durchmesser.
Schwierigkeitsgrad: Einfach.

20-jähriger Urwelt-mammutbaum.

Standort

Ganzjährig im Freien. Verträgt im Frühjahr volle Sonne, sollte jedoch bei sommerlicher Hitze eher halbschattig stehen, da in der Mittagssonne das Laub verbrennen kann.

Pflege

Gießen: Der Urweltmammutbaum steht gern feucht bis hin zu sumpfig – dementsprechend hoch ist sein Wasserbedarf. Trockenheit verträgt er nicht gut, gießen Sie daher immer reichlich, sobald die Erde oberflächlich leicht abgetrocknet ist. Je durchlässiger das Substrat ist, desto häufiger muss gegossen werden.
Düngen: Von Frühling bis Herbst etwa 1 × im Monat. Bei sehr hohen Temperaturen die Düngergabe verschieben.
Umtopfen: Da der Urweltmammutbaum reichlich Wurzeln bildet, muss er regelmäßig umgetopft werden:

kleine Bonsais alle 2 Jahre, größere alle 3 und die ganz großen alle 4 Jahre. In einer Mischung aus 60 % Akadama und 40 % handelsüblicher Universalerde fühlt er sich wohl. Zuschlag zum Erhöhen der Wasserzügigkeit ist bei diesem Baum unnötig, da passendes Substrat kaum zu feucht bleibt.
Schneiden: Pinzieren Sie bei dem raschwüchsigen Baum die noch zarten Jungtriebe im Frühjahr, ganz besonders jene an den Astspitzen. Kürzen Sie die Triebe regelmäßig während der gesamten Wachstumsphase. Wie beim Japanischen Pfeffer (*Zanthoxylum piperitum*) ist auch beim Urweltmammutbaum darauf zu achten, dass man den eigentlichen Trieb und nicht lediglich das zusammengesetzte Blatt einkürzt. Entfernen Sie sämtliche ungünstig stehenden Triebknospen – der Urweltmammutbaum hat derer viele,

er treibt sehr willig an altem Holz aus.

Besondere Techniken

Drahten: Vom Spätherbst bis zur Frühjahrsmitte. Das Holz ist biegsam. Achten Sie darauf, dass der Draht die Rinde nicht beschädigt.

Krankheiten & Schädlinge

Schild- und Blattläuse.

Laub des Urweltmammutbaums.

CHINESISCHER WACHOLDER

Juniperus chinensis

Das sehr dichte Laub des Chinesischen Wacholders besteht aus winzigen, eng anliegenden, schuppenartigen Blättern. Das oftmals natürlich gewundene Holz eignet sich hervorragend für die Shari-Technik.

Familie: Cupressaceae.
Laub: Immergrün. Junge, lange, feste Nadelblätter oder aber ältere, kleine Blattschuppen.
Blüte: März–April (sehr unscheinbar).
Frucht: September–November. Erst grüne, später schwarze Beerenzapfen.
Schwierigkeitsgrad: Einfach.

16- bis 17-jähriger Chinesischer Wacholder.

Standort

Dem Chinesischen Wacholder gefällt es draußen an einem hellen Platz. Bei sommerlicher Hitze möchte er einen halbschattigen Standort, besonders dann, wenn er in einer kleinen Bonsaischale steht. Er ist frostverträglich, muss aber vor Dauerfrost geschützt werden. Eine schwächere Färbung im Winter ist kein Grund zur Beunruhigung, dies ist ein völlig normales, vorübergehendes Verhalten.

Pflege

Gießen: Der Chinesische Wacholder ist zwar durstig, verträgt aber auch Trockenheit. Gießen Sie im Sommer reichlich und überbrausen Sie dabei das Laub. Im Winter gießen, sobald das Substrat oberflächlich trocken ist.
Düngen: 2 × im Frühjahr im Abstand von 4 Wochen; 1 × im Herbst.
Umtopfen: Junge Exemplare alle 2–3 Jahre, ältere alle 4–5 Jahre. Eine Mischung aus 60 % Akadama, 20 % Feinsplitt und 20 % Universalerde sagt dem Wacholder zu. Erhalten Sie dabei einen Gutteil des alten Erdreichs.
Schneiden: Im März die Astunterseiten von starkwüchsigen Trieben befreien. Junge Triebspitzen im April–Mai mit Daumen und Zeigefinger pinzieren. Schuppentriebe nie mit der Schere kürzen. Formschnitt im ausgehenden Winter; gleichzeitig abgestorbene und unansehnliche Zweiglein entfernen und Totholzgestaltungen reinigen.

Besondere Techniken

Drahten: Das biegsame, bereits von Natur aus gewundene Holz lässt sich gut drahten. Legen Sie den Draht im Herbst an und belassen Sie ihn rund 8 Monate am Ast oder Zweig. Wiederholen Sie dies alljährlich, bis die gewünschte Form erreicht ist.

Krankheiten & Schädlinge

Anfällig für Schild-, Blatt- und Mottenschildläuse. Kräftiges Überbrausen der Krone kann einem Befall vorbeugen.

Nadelblätter an *Juniperus chinensis*.

WEISSDORN

Japanischer Weißdorn (*Crataegus cuneata*), Zweigriffliger
Weißdorn (*C. laevigata*), Eingriffliger Weißdorn (*C. monogyna*)

Die wilden europäischen Weißdorn-Arten sind dank
ihrer anmutigen kleinen Blätter hervorragende Bonsai-
Kandidaten.

Familie: Rosaceae.
Heimat: *C. cuneata* stammt aus Japan, *C. laevigata* und *C. mono-
gyna* wachsen wild bei uns.
Laub: Sommergrün. Gezähnte, mehr oder weniger gelappte Blätter.
Blüte: Frühling, weiß oder rosa, reichblütig.
Frucht: September–November, rot oder gelb, zahlreich.
Schwierigkeitsgrad: Einfach.

40-jähriger Eingriffliger Weißdorn (*Crataegus monogyna*).

Standort

Weißdorn liebt Sonne, verträgt aber
nicht viel Hitze; stellen Sie ihn daher
im Sommer halbschattig. Er ist gut
frostverträglich.

Pflege

Gießen: Warten Sie vor jeder Wassergabe ab, bis die Erde oberflächlich
abgetrocknet ist – die Wurzeln wollen
hin und wieder leicht trocken werden. Das Laub im Sommer nicht
überbrausen, um nicht den Befall mit
Echtem Mehltau zu fördern.
Düngen: Im Herbst und im Frühjahr
je 2 ×. Bei Fruchtansatz 1 × zusätzlich düngen, nach Möglichkeit kaliumbetont.
Umtopfen: Alle 2 Jahre möglichst im
Frühjahr, Frühherbst geht ebenfalls.
Weißdorn stellt nur wenige Ansprüche an das Substrat, Hauptsache, es
ist nicht kalkhaltig. Verwenden Sie
eine Mischung aus 60 % Akadama,

ergänzt mit handelsüblicher
Universalerde und etwas Splitt oder
Kiryu.
Schneiden: Die Zweige können vor
oder nach der Blüte geschnitten werden; gleichzeitig schadet es nicht,
den Fruchtansatz etwas auszudünnen, damit der Bonsai sich nicht ver-
ausgabt.

Besondere Techniken

Drahten: Weißdorn lässt sich hervorragend und ganzjährig drahten. Ach-

ten Sie jedoch darauf, dass der Draht
die Äste nicht beschädigt.

Krankheiten & Schädlinge

Sehr anfällig für Feuerbrand, der Blüten und junge Triebe schwarz ein-
trocknen lässt. Entfernen Sie infizierte Zweige. Echter Mehltau tritt
ebenfalls häufiger auf.

Eingriffliger Weißdorn (*C. monogyna*):
Blüte.

Zweigriffliger Weißdorn (*C. laevigata*):
Früchte.

JAPANISCHE ZELKOVE

Zelkova serrata

Dieser Baum wird in Japan ähnlich wie der Ginkgo verehrt. Als Bonsai wird er gern mit freigelegten Wurzeln zur Besenform (Hokidachi) gezogen.

Familie: Ulmaceae.
Heimat: Japan.
Laub: Sommergrün. Grünes, gesägtes Blatt, orangerote, gelegentlich gelbe Herbstfarbe.
Blüte: Unauffällig.
Schwierigkeitsgrad: Mittel.

Zelkove im gelben Herbstkleid.

Standort

Ein sehr heller Platz im Freien ist für klein bleibendes Laub und eine lebendige Herbstfärbung unerlässlich. An sehr heißen Tagen sollte volle Sonne dennoch gemieden werden. Bei Wintertemperaturen unter −5 °C ist Schutz nötig.

Pflege

Gießen: Die Japanische Zelkove stellt keine großen Ansprüche. Sie wird gern auf einem Tablett gezogen, wo das Substrat entsprechend rasch austrocknet – geben Sie in dem Fall gut Acht. Warten Sie mit der nächsten Wassergabe, bis die Erde oberflächlich trocken ist, und überbrausen Sie auch das Laub. Heißen, trockenen Wind verträgt die Zelkove nicht gut. Im Winter liegt mehr Zeit zwischen zwei Wassergaben; gießen Sie, sobald die Erde oberflächlich gut abgetrocknet ist.

Düngen: 2 × im Frühjahr und 1 × im Herbst. Verwenden Sie möglichst einen organischen Langzeitdünger.
Umtopfen: Junge Exemplare alle 2 Jahre, ältere alle 3–4 Jahre. Je kleiner die Schale ist, desto häufiger ist umzutopfen. Verwenden Sie eine Mischung aus 75 % Akadama und 25 % Kiryu. Verteilen Sie die Wurzeln gut, damit sich an der Stammbasis ein ausgewogener Wurzelhals (Nebari) entwickeln kann.
Schneiden: Pinzieren Sie die jungen Triebe im Frühjahr je nach Wüchsigkeit auf 2–3 Blätter. Schneiden Sie während der gesamten Wachstumsphase regelmäßig. Entfernen Sie dabei ungünstig austreibende Zweige und Stammausschläge. Durch wiederholte Schnittmaßnahmen lässt sich die Blattgröße gut reduzieren. Im Winter ist Zeit für den Erziehungsschnitt und um abgestorbene Äste zu entfernen.

Besondere Techniken

Drahten: Die Besenform (Hokidachi) lässt sich allein schon durch den Erziehungsschnitt problemlos ausbilden.

Krankheiten & Schädlinge

Die Japanische Zelkove ist gegenüber sämtlichen Pilzinfektionen sehr resistent. Selten einmal treten Schildläuse auf, hin und wieder Spinnmilben.

Zelkove im orangeroten Herbstkleid.

FÄCHER-ZWERGMISPEL

Cotoneaster horizontalis

Mit ihren winzigen Blättern, Blüten und Früchten ist diese Zwergmispel das ideale Bonsai-Gehölz; sie lässt sich hervorragend als Kaskade gestalten.

Familie: Rosaceae.
Heimat: China.
Laub: Sommer- bis halbimmergrün. Kleines, rundes, glänzend dunkelgrünes Blatt.
Blüte: Mai, rosa-weiß.
Frucht: Von September bis Spätwinter anhaftend, leuchtend rot.
Schwierigkeitsgrad: Einfach.

9- bis 10-jährige
Fächer-Zwergmispel.

Standort

Im Freien. Die Fächer-Zwergmispel stellt wenige Ansprüche, muss jedoch hell stehen. Sonne verträgt sie gut, doch stellen Sie sie – je kleiner, desto zwingender – an sehr heißen Tagen leicht schattiert auf. Im Winter den Bonsai vor Temperaturen unter −3 °C schützen.

Pflege

Gießen: Gießen Sie vollsonnig stehende Exemplare im Sommer reichlich; überbrausen Sie dabei das Laub. Lassen Sie zwischen zwei Wassergaben die Erde oberflächlich leicht abtrocknen (diese Zwergmispel steht ungern ständig feucht). Im Winter sollte das Substrat zwischen zwei Wassergaben trocken werden.
Düngen: 3 × im Jahr, davon 2 × im

Etwa 10-jährige Zelkove.

Frühjahr und 1 × im Herbst. Je reicher der Fruchtansatz, desto mehr Dünger ist nötig.
Umtopfen: Alle 2–3 Jahre. Die Fächer-Zwergmispel ist hinsichtlich des Substrats recht anspruchslos. Eine Mischung aus mindestens 70 % Akadama und Splitt sagt ihr zu; achten Sie auf gute Dränage.
Schneiden: Schnitt ist ganzjährig möglich. Nehmen Sie Triebe auf 1–2 Blattknoten (Nodien) zurück, sobald sie 8–10 cm lang sind, sofern kein gesteigertes Dickenwachstum gewünscht ist oder ein neuer Ast herangezogen werden soll. Je stärker ein Trieb schiebt, desto kürzer ist er zu schneiden. Dieses Gehölz verzweigt sich sehr dicht; es lässt sich selbst vom Anfänger hervorragend durch Schnitt formen.

Besondere Techniken

Drahten: Dank des von Natur aus bi-

zarren Wuchses und des alljährlichen Formschnitts ist Drahten nur notwendig, um die Windung eines Astes stärker herauszuarbeiten, etwa bei der Erziehung zur Kaskadenform.

Krankheiten & Schädlinge

Schädlinge: Schild- und Blattläuse.
Feuerbrand: Blätter und junge Triebe werden schwarz und trocknen ein. Entfernen und verbrennen Sie befallene Partien; beugen Sie vor, indem Sie eher stickstoffarm düngen und das Substrat relativ trocken halten.

Fächer-Zwergmispel: Blüten.

REGISTER

Zwei 90 cm hohe Mädchen-Kiefern (Omono-Bonsai, Bonsai für vier Hände) als felsumklammernde Form (Sekijoju) gezogen.

An einer Libanon-Zeder wird ein Stammaustrieb entfernt.

Spindelbaum (*Euonymus*) im flammenden Herbstkleid.

Elodies Dank geht an:

Aurélie, meine Mutter, meine Großmutter und meine Familie – dafür, dass Ihr immer an mich und meine verrückten Projekte geglaubt habt. An Ruben und Oscar, meine beiden größten Unterstützer und an Antoine Isambert für sein Vertrauen.

Le Petit Arbre
8 Place d'Adamville Kennedy
94100 Saint-Maur-des-Fossés
www.lepetitarbre.fr

Elodie Marconnet

Nicolas Coulon

Bildnachweis

Sämtliche Fotos stammen von Elodie Marconnet, ausgenommen:
Biosphoto: Seite 42 l., 43 M., 43 r., 44, 45, 91 u. r., 102 u.
Fotolia: Seite 113 u.
GrooTrai/Shutterstock.com: Titelfoto
Jardins.photos: Collection Rémy Samson: Seite 98 o., 114 o., 114 u.; Collection Jean-Louis Mandolin: Seite 103 o., 115
Shutterstock.com: Seite 19 o., 102 o.
Sämtliche Zeichnungen stammen von Maëlle le Toquin.
Titelfoto: GrooTrai/Shutterstock.com
Zeichnung auf Titel: Akarin Chatariyawich/Shutterstock.com

Bibliografische Information der Deutschen Nationalbibliothek
Die Deutsche Nationalbibliothek verzeichnet diese Publikation in der Deutschen Nationalbibliografie; detaillierte bibliografische Daten sind im Internet über http://dnb.d-nb.de abrufbar.

Die französische Originalausgabe erschien unter dem Titel Marconnet/Coulon, Bonsais – Comment les cultiver facilement
© Les Editions Eugene Ulmer, Paris.
www.editions-ulmer.fr

© 2019 Eugen Ulmer KG
Wollgrasweg 41, 70599 Stuttgart (Hohenheim)
E-Mail: info@ulmer.de
Internet: www.ulmer.de
Lektorat: Sabine Drobik, Bettina Brinkmann
Übersetzung: Claudia Arlinghaus
Herstellung: Katharina Merz
Umschlaggestaltung: Anette Vogt, red.sign, Stuttgart
Satz: r&p digitale medien, Echterdingen
Druck und Bindung: Westermann Druck, Zwickau
Printed in Germany

ISBN 978-3-8186-0443-1